AF557525

braumüller

BEPPO BEYERL THOMAS HOFMANN

Die Dörfer von Wien

GESCHICHTEN EINST UND JETZT

braumüller

Wien - die Stadt der Dörfer

Wie viele klingende Beinamen hat Wien? Die einstige Reichshaupt- und Residenzstadt ist als Stadt an der Donau, als Stadt der Musik, als kulinarische Metropole – Stichwort Wiener Küche – in aller Munde. Ein Attribut wollen wir mit diesem Buch hinzufügen: Wien, die Stadt der Dörfer.

Wien, das zeigen vertraute Namen wie auch historische Strukturen, besteht aus zahlreichen Dörfern, deren Wurzeln viele Jahrhunderte zurückreichen. In der zweiten Hälfte des 19. Jahrhunderts ist aus dem multilingualen Schmelztiegel der Völker eine Metropole entstanden. Mit der Eingemeindung der Dörfer außerhalb des Gürtels, der Vororte, im Jahre 1892 wuchs Wien über sich hinaus.

Die dörflichen Strukturen sind selbst im heute dicht verbauten Gebiet noch vielerorts anzutreffen. Das Grätzel als kleinste topografische Untereinheit erlebt eine nie dagewesene Renaissance. So sehr wir auch global denken und agieren, das tägliche Leben findet seine Ausprägung im Lokalen. „Wien ist ein Dorf" hört man in den Straßen der Stadt, wenn es um unerwartete Begegnungen im Alltag geht. Wien ist nach wie vor in vielen Bereichen kleinräumig und hat familiären Charakter.

Wir haben das geflügelte Wort wörtlich genommen und Wiens Dörfer gesucht und besucht. Fündig wurden wir im Agglomerat der Außenbezirke, jener Orte außerhalb des Gürtels, vom 10. bis zum 23. Bezirk. Floridsdorf, ein Dorf, das heute als 21. Bezirk sogar mehrere Dörfer vereint, stellen wir an den Beginn. Den Schlusspunkt setzen wir am Fuße des Kahlenberges, im idyllischen Kahlenbergerdorf. Aus der Vielzahl einstiger Dörfer, wir zählen mehr als 60, haben wir 32 ausgewählt. Unser Zugang sind individuelle und bunte

Geschichten und G'schichterln der Dörfer, keineswegs ging es um *die* Geschichte der Wiener Dörfer mit dem Anspruch auf Vollständigkeit. Das würde den Rahmen jeden Buches sprengen. Wir beschreiben Orte, die das Wort „Dorf" im Namen tragen, wie auch Dörfer, deren ländliche Strukturen heute noch erkennbar und prägend sind, wie etwa Breitenlee oder Leopoldau.

Manchmal war es leicht, alte Dörfer zu finden. Während in Stammersdorf noch vieles an die einst ländliche Vergangenheit erinnert, war es in Gaudenzdorf nicht mehr so einfach, alte Strukturen zu lokalisieren. Trotzdem: Wir haben keine Mühen gescheut, die lokale Vergangenheit aufzufinden und sie wieder mit neuem Leben zu füllen. Hinweise lieferten uns immer wieder Straßennamen, die vielfach lokalen Bezug aufweisen. Auch Kirchen – der Begriff der Dorfkirche ist ein lohnender Ansatz bei der Spurensuche – sind, wie Friedhöfe, wichtige Fixpunkte der Dörfer.

Einblicke in die Welt der Dörfer, in das Leben des 19. und 20. Jahrhunderts geben historische Ansichtskarten. Sie komplettieren unsere Erzählungen aus der Sicht des 21. Jahrhunderts. Sie mögen Ihnen, geschätzte Leserin, geschätzter Leser, erfrischende Zugänge eröffnen.

Beppo Beyerl und Thomas Hofmann
im Sommer 2023

Inhalt

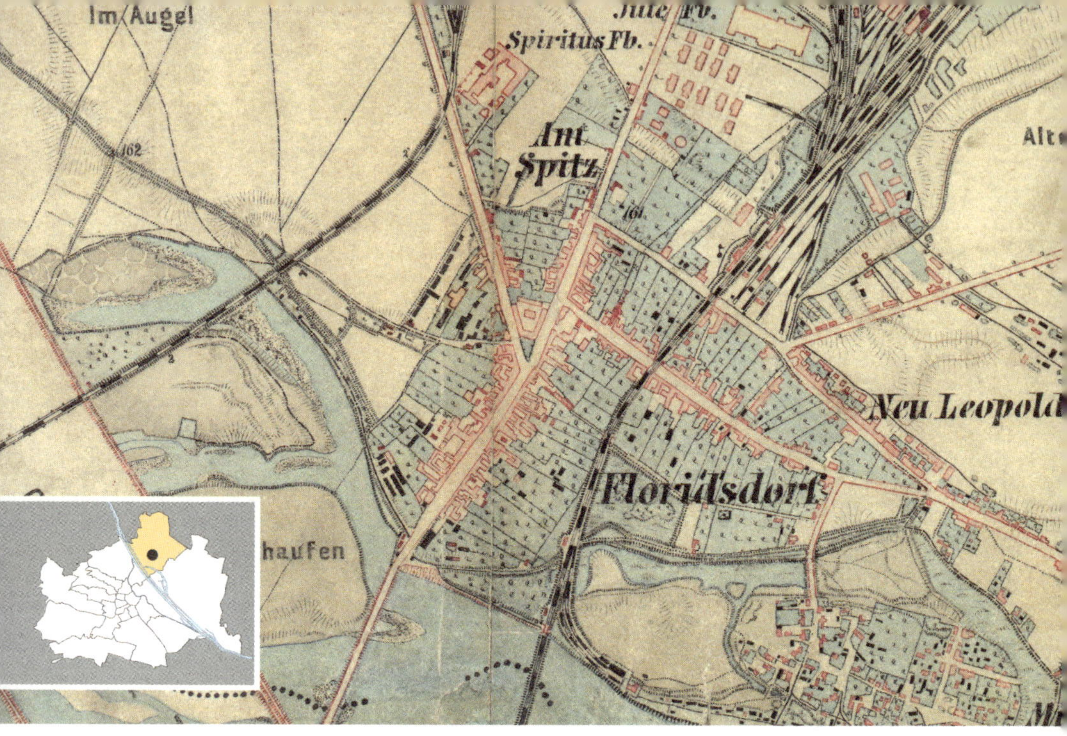

Floridsdorf

Das Dorf der Dörfer

Auch Dörfer machen Karriere. Die steilste Karriere legte Floridsdorf hin: Von ein paar Häusern an einem abgeschiedenen Donauarm in kurzen Zeitläuften bis zur Hauptstadt von Niederösterreich. Nein, zur Hauptstadt ist es dann eh nicht geworden. Aber dafür zu einem eigenständigen Bezirk der Bundeshauptstadt.

Alles begann im Jahre 1786, also relativ spät im Vergleich zu anderen Dörfern Wiens, als das Stift Klosterneuburg unter seinem Probst Floridus Leeb im besagten Gebiet Grundstücke parzellieren ließ. Sie lagen östlich der heutigen Brünner Straße und nördlich eines Donauarmes. Damit war dem Dorf in den Donauauen auch der Name in die Wiege gelegt: Floridsdorf, nach dem Probst Floridus Leeb aus Klosterneuburg.

Das neue Dorf lag für die aus Wien nach Norden Reisenden am Ende der beschwerlichen Überquerung der zahlreichen und sich laufend – oder fließend – verändernden Donauarme. Gleichzeitig lag es an einem historischen Zwickel, an einer für die gesamte Monarchie

Das imposante Floridsdorfer Rathaus liegt am Spitz, der Weggabelung von Brünner Straße und Prager Straße.

wichtigen Weggabelung. Nach links, also eher westlich, führte die Reichsstraße nach Prag. Und nach rechts, also eher östlich, zog es die Fuhrleute auf der Reichsstraße nach Brünn. Der legendäre „Floridsdorfer Spitz“ war geboren.

Doch bald wird sich alles ändern. Es war die Eisenbahn, die für Floridsdorf den großen Schub, den Sprung in das Industriezeitalter ermöglichte: Mit der Eisenbahn sollten sich in der Folge die ersten Industriebetriebe ansiedeln, die wiederum größtenteils Produkte für den Betrieb der Eisenbahn erzeugten. Am 23. November 1837 wurde die Eisenbahnstrecke von Floridsdorf nach Deutsch-Wagram eröffnet und damit auch die allererste Eisenbahnstrecke der Monarchie. Die Verlängerung von Transdanubien ins cisdanubische Wien scheiterte anfänglich noch wegen der schwer zu überbrückenden Donauarme.

Die Donauregulierung 1870 bis 1875 und die nun gesicherte Lage auf festem Grund brachen dann alle Dämme. Wie Uwe Mauch in seinem Buch *Das alte Floridsdorf* formulierte: „Floridsdorf wird eine Art Little Manchester“. Auf den bis dato brachliegenden Feldern entstanden der Reihe nach Fabriken: Shuttleworth (auf Nordostfloridsdorferisch noch immer als Schuttlwoart ausgesprochen), genauer Clayton & Shuttleworth, eine Firma zur Landmaschinenproduktion, die 1911 mit Hofherr-Schrantz fusionierte und die Produktion nach Floridsdorf in die Shuttleworthstraße verlagerte. Produziert wurde so ziemlich alles, was rollen konnte, von Lokomotiven bis Dreschmaschinen. Die Geschichte des englischen Firmengründers Shuttleworth könnte den Schriftsteller Heimito von Doderer zum Verfassen seines Romans *Die Wasserfälle von Slunj* angeregt haben.

Dann entstand eine Werft in der Schwarzlackenau, die vom englischen Brüderpaar John und Joseph Ruston betrieben wurde und die sich

Seltenes Motiv mit Marktstandeln hinter dem Floridsdorfer Rathaus, im Hintergrund die Häuserzeile der Prager Straße.

bis zur Donauregulierung als unentbehrlich für die Schifffahrt auf dem recht komplizierten und stets schlingernden Terrain des Flusses erwies. Wir schreiben hier nicht die Geschichte der Industrie von Transdanubien, aber wir müssen selbstverständlich die Floridsdorfer Lokomotivfabrik erwähnen. Der Bahnhof Floridsdorf befand sich ja nur ein paar Gehminuten vom Spitz entfernt. Die LOFAG (Lokomotivfabrik Floridsdorf AG) wurde am 6. September 1869 gegründet. Die erste errichtete Dampfmaschine erhielt den Namen „HUMBOLDT".

Fast auf den Tag genau 100 Jahre später, am 19. September 1969, wurde die letzte Lokomotive produziert, die Elektrolokomotive 1042.540. In den 1980-Jahren erfolgte die Schleifung der gesamten Anlagen der LOFAG, die vom heutigen Shopping Center Nord bis zur Brünner Straße reichte.

Wien, XXI. Panorama.
Panorama.
Panorama.
Tableaux Floridsdorf.

Doch zurück ins 19. Jahrhundert. Wir bemerken: Vom Dorf ist bald keine Spur mehr, mächtige Fabrikanlagen schlossen sich um das Zentrum beim Spitz, viele Fabriksarbeiter wohnten in den Zinskasernen, die wie in einem zweiten Kreis rund um die Fabriken aus dem Boden schossen. Arbeitsmigranten, größtenteils aus Böhmen und Mähren, kamen nach Floridsdorf, um dort im Schweiße ihres Angesichtes ihr karges Bot zu verdienen. Einer von ihnen hieß Josef Jonáš, der im Jahre 1895 von Kamenice bei Iglau mit seiner Kateřina Rokosová wie viele andere Tschechen oder Mährer mit dem berühmten Leiterwagerl zu Fuß nach Wien marschierte. Vier Jahre später erblickte 1899 ihr Erstgeborener František das Licht der Kaiserstadt. Er sollte sich bald eindeutschen, einwienern, einfloridsdorfern und als Franz Jonas nicht nur Bezirksvorsteher von Floridsdorf, sondern auch Bürgermeister der Hauptstadt und sodann Bundespräsident der Republik werden. Der ein bisschen ungestalte Bahnhofsplatz in Floridsdorf trägt heute seinen Namen. Und fährt man in der Prager Straße in Richtung der ursprünglichen Heimat der eingewanderten Familie Jonas, trifft man auf der Prager Straße 93-99 den Franz-Jonas-Hof.

Wir wollen uns jedoch nicht in einem Dorf verlieren, in den bald zu eng gewordenen Strukturen steckenbleiben und nimmer den Ausgang finden. Also schnell zur geplanten Hauptstadt von Niederösterreich.

Der k. u. k. Statthalter von Niederösterreich Erich Graf von Kielmansegg (1847–1923) hatte einen Plan: Er wollte ab 1892 Floridsdorf zur Landeshauptstadt von Niederösterreich machen, mit einem dementsprechenden Rathaus am Floridsdorfer Spitz und mit einem Dom auf dem Kinzerplatz, dessen Kirchturmhöhe mit 96 Metern fast an die höchsten Kirchen Wiens heranreichen sollte. Um die disparate Anhäufung von Dörfern rund um Floridsdorf zu gliedern und zu formen, vergrößerte er unser Floridsdorf durch die Eingemeindung von Jedlesee, Neujedlersdorf und Donaufeld, und da 1894 alles groß sein musste, hieß der neue Ort Großfloridsdorf. Der Spitz sollte das gravitätische Zentrum der Landeshauptstadt werden. Gleich dahinter bzw. nördlich des Spitzes war – in der heutigen Hermann-Bahr-Straße – die k. u. k. Bezirkshauptmannschaft untergebracht, nördlich dieses Amtes die Evangelische Kirche und abermals weiter nördlich der Floridsdorfer Friedhof. Möglich, dass der aus Hannover stammende Statthalter eine moderne Alternative zur historischen Haupt- und Residenzstadt am anderen Ufer der Donau durchdrücken wollte.

Doch der Wiener Bürgermeister Karl Lueger zog einen glatten Strich durch die Rechnung des Herrn von Kielmansegg. Am 28. Dezember 1904 wurde die Großgemeinde Floridsdorf nach Wien eingemeindet.

Im neuen Bezirk Floridsdorf wurde das fortgesetzt, was dereinst im Dorf Floridsdorf begann: Die rasante Industrialisierung, also quasi das Programm Floridsdorf II. Wir sind nicht dessen Chronisten, wollen aber kurz auf einige wichtige Betriebe hinweisen: Siemens & Halske (Kabel und E-Geräte), Josef Pauker & Sohn (Dampfkessel) sowie die Fiat-Werke (Autos).

Die im Arbeiterbezirk Floridsdorf stets mit Nachdruck agierende Arbeiterschaft bewirkte die Errichtung groß angelegter Gemeindebauten: Den Schlinger-Hof, den Speiser-Hof, den Seitz-Hof. Die Gegensätze zwischen den zwei politischen Lagern, den Christlich-Sozialen, die sich in der Heimwehr, und den Sozialdemokraten, die sich im Schutzbund sammelten, entluden sich spätestens im Bürgerkrieg im Jahre 1934. Wir erinnern an den Schutzbundführer Georg Weissel, der in den Kämpfen rund um den Schlinger-Hof beteiligt war. Nach der Kapitulation der Schutzbündler wurde er verhaftet,

Panorama
Panorama
Brünnerstr. m.
Lehndorferhof
Hauptstraße
Pragerstraße
Kirche
Brünnerstr. m.
Vereinshaus
Floridsdorf
Wien XXI.
Angererstr. m.
Arbeiterheim
Donaufelderstr.
Anton Störkgasse mit
Jubiläum-Schule
Marktplatz

zum Tode verurteilt und am 15. Februar gehenkt. Heute erinnern die Weisselgasse – eine Seitengasse der Brünner Straße –, ein Gemeindehof und ein Denkmal (Prager Straße 18 a) an ihn.

Das als Rathaus der Landeshauptstadt geplante Gebäude steht heute als Amtshaus noch immer dominant am Spitz. Es wurde 1901 bis 1903 von den Brüdern Josef und Anton Drexler als viergeschossiger neoklassizistischer Bau errichtet, mit seinem Uhrturm erreichte es stolze 52 Meter. Dieser wurde nach seiner Zerstörung im Zweiten Weltkrieg nicht mehr erneuert. Am 8. April 1945 wurden die Wehrmachtssoldaten Major Karl Biedermann, Hauptmann Alfred Huth und Oberstleutnant Rudolf Raschke von den Fanatikern der Gestapo vor dem Amtshaus an Laternen aufgehängt. Der

Die Mehrbildkarte vereint Floridsdorfer Motive mit einem Blick von Transdanubien auf den Kahlenberg und den Leopoldsberg am diesseitigen Ufer der Donau.

Grund für die Ermordung: Sie planten gemeinsam mit Major Carl Szokoll die kampflose Übergabe Wiens an die Rote Armee. Fünf Tage nach der Hinrichtung erklärte die Rote Armee den Kampf um Wien für beendet. Im Amtshaus ist den Widerstandskämpfern beim rechten Eingang eine Marmortafel gewidmet.

Strebersdorf

Am Fuße des Bisamberges

Nein, mit Strebern haben wir zumindest etymologisch nichts zu tun. Obwohl das Zentrum des Dorfes – sowohl geografisch als auch gravitätisch – eindeutig vom Schulverein De La Salle gebildet wird. Eher bezieht sich der Ort auf den Personennamen Strobo; die nach ihm benannte Siedlung Strobelinstorf befand sich 1078 jedoch westlich der heutigen Prager Straße inmitten regelmäßig über die Ufer tretender

Donauarme. So errichteten die von dort Reißaus nehmenden Bewohner am Fuße des Bisamberges das heutige Strebersdorf. Das neue Dorf erstreckte sich um das damals noch erhaltene Schloss und lässt sich recht gut durch das Geviert innerhalb der Langenzersdorferstraße, der Anton-Böck-Gasse sowie der Rußbergstraße einspannen. Anton Böck war von 1880 bis 1903 Bürgermeister der damals noch selbstständigen Gemeinde, und Rußberg war ein alter Flurname. Rund um das Dorf gediehen Weine in Rieden mit schönen Bezeichnungen wie: Obere Sätze, Untere Sätze oder Im oberen Donaufeld. Die Bewohner lebten von ihren landwirtschaftlichen Erträgen, zur Hauptstadt fehlte die Verkehrsanbindung. Die Reichsstraße nach Prag, die heutige Prager Straße, zog doch in einiger Entfernung vorbei.

Wer von den Niederungen in Strebersdorf, das 1078 als Strobelinstorf erwähnt wurde, nach Westen blickt, erkennt jenseits der Donau den Leopoldsberg.

Erst ab 1912 konnten die Wiener vom Floridsdorfer Spitz mit dem 132er bis zum Strebersdorfer Platz bimmeln. Später gab es den legendären Doppelspitz mit dem 31er nach Stammersdorf und dem 32er nach Strebersdorf. Heute erfüllt diese Aufgabe der 26er, der jedoch schon am Edmund-Hawranek-Platz seine Umkehrschleife dreht.

Trotz ausgiebiger Suche finden wir keinen Ort, der eine zentrale Funktion als Hauptplatz übernehmen könnte. Vergeblich suchen wir nach Elementen der Infrastruktur wie intakte Geschäfte oder Beisln. Der Ort versinkt in wohlgelittener Anonymität, die Instrumente der Stadterneuerung scheinen bis jetzt noch nicht gegriffen zu haben.

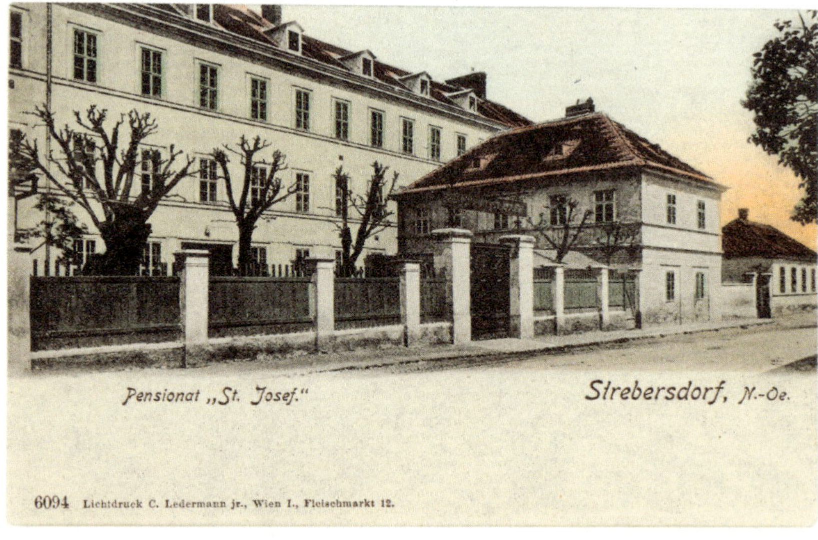

Das Pensionat St. Josef erhielt nach dem Schutzpatron der Schulbrüder, die 1886 nach Strebersdorf kamen, den Namen St. Josef.

Was einwandfrei funktioniert, ist jene Anlage, die als Schulverein De La Salle Strebersdorf bekannt ist und an den heiligen Johannes De La Salle erinnert – früher ist sie als Institut der Schulbrüder in den Sprachgebrauch eingegangen. Komplettiert wird der Schulverein durch eine Unzahl von angeschlossenen Gebäuden, wie das Internat, Stätten für Sportveranstaltungen und Räumlichkeiten für die Gastronomie.

Ehemalige Absolventen der Schulbrüder – man möcht es nicht glauben – konnten in verschiedenen Berufen ihre Stärken ausspielen: Als Fußballspieler agierte Norbert Hof, als Geschichtslehrer sowie als Obmann der kickenden Admiraner dozierte Markus Bittner; als Wissenschaftler inspirierte Wilfried Daim viele Zeitgenossen; und als Dirigent der Wiener Philharmoniker begeisterte Clemens Krauss die Musikwelt. Last but not least verweisen wir auf Albin Skoda, der auf der Bühne des Burgtheaters so ziemlich allen männlichen Paraderollen seinen eigenen Skoda-Stil verlieh. Und was darüber hinaus noch funktioniert, darüber berichten wir später.

Erst mühen wir uns auf der Prager Straße ab, um nach Strebersdorf zu gelangen. Wir konstatieren ab Floridsdorf drei nacheinander zu passierende Phasen. Erst kommt der Bereich der riesigen Abholmärkte, Shoppingzentren und der Automobilwerkstätten. Sodann erblicken wir noch viele einstöckige Häuser, die am Rand der Prager Straße ein wohlfeiles Auskommen finden wollen, und letztlich streifen wir durch die bereits agrarisch dominierten Zonen. Westlich der Prager Straße – in der Autokaderstraße 3 – wohnte der bekannte österreichische Autor Andreas Okopenko (1930–2010). Von ihm stammt der berühmte Zweizeiler „Ich stamme aus Strebersdorf / und strebe nach Stammersdorf."

Schließlich biegen wir in die Rußbergstraße ein und erreichen den schon erwähnten Edmund-Hawranek-Platz. Der Strebersdorfer Kaplan Edmund Hawranek (1874–1944) setzte sich stark für die Eingemeindung von Strebersdorf nach Wien ein.

Als die bunte Karte im ausgehenden 19. Jahrhundert gedruckt wurde, lag Strebersdorf „bei“ Wien, heute ist es im 21. Bezirk ein Teil „von“ Wien.

Wir wollten nachlesen, wie die Wiener vor 90 Jahren die lange Reise nach Strebersdorf erlebten, und fanden einen Artikel in der *Kleinen Volkszeitung* vom 9. Juli 1935: „Heute vor 25 Jahren wurde Strebersdorf Wien einverleibt. Nach Strebersdorf fahren, heißt, in alten, niedrigen Beiwagen sitzen, die wie Schiffe schaukeln. Vom Stadtzentrum weg, vom Franz Josef-Kai, geht die Straßenbahnlinie hinaus. Wir hätten uns natürlich in den Triebwagen setzen können, der modern ist und rot wie alle andern, aber wir sind lieber in den Beiwagen gestiegen – grün ist er auch noch! Dunkelgrün gestrichen, verwittert, noch aus jener Zeit, da die Dampftramway nach Stammersdorf hinausfuhr. Ja, es sind die alten Dampftramwaywagen, und es ist, als röche man noch den süßlichen Dampf, der sie umwehte und einhüllte, als sie von der altmodischen, ununterbrochen läutenden Lokomotive gezogen wurden. Die Stimmung ist da, die wir brauchen, die Stimmung aus einer vergangenen Zeit.

Allerdings, wir müssen erst eine großstädtische Strecke hinter uns bringen: ... Hohe Neubauten und kleine alte Häuschen durcheinander, und auf der breiten Straße ein Durcheinander von Autos und Bauernfuhrwerken, Benzin- und Heugeruch. Dann fahren wir auf der Prager Straße schnurgerade auf den Bisamberg zu. Rot flimmert sein langer Rücken in der Hitze. Felder, Felder, und wir fahren noch immer in der Straßenbahn, und wir sind noch immer in Wien. Und zwischen Feldern endigt auch die Linie. Ein Dorf beginnt. Strebersdorf. Es ist wirklich wahr: 21. Bezirk ist auf den Straßen- und Nummerntafeln zu lesen! Aus dem ursprünglichen Reihendorf, einer fränkischen Siedlung, ist ein Straßendorf geworden, das erst durch die Bautätigkeit der letzten Jahrzehnte seine Eigenart verloren hat. Aber noch immer stehen genug ebenerdige Giebelhäuser da, deren Dächer höher als sie selber sind, und die Rauchfänge sind womöglich noch höher. Es riecht nach Räucherfleisch, nach Kuhställen, nach frischen Holzstapeln: dann senden Lindenblüten heiße Stöße von Duft."

Vielleicht kann das Dorf durch die Eindämmung der Bautätigkeit – Stadt und Dorf vermischen sich ohne gegenseitige Achtung – oder durch Entwicklungsschübe in eine bestimmte Richtung ein bisschen an Identität zurückgewinnen.

Was nun aber, wie oben erwähnt, hier noch funktioniert, ist eine vinologische Falle, eine gelungene Heurigenschaukel. Nach dem Motto: „Wer den Schilling nicht ehrt, ist des Strauches nicht wert", können Sie entweder vom Garten im „Schilling" oder vom Garten im „Strauch" Blicke auf den Bisamberg werfen, auf dessen Hängen jener Gemischte Satz gereift ist, an dem sie gerade nippen.

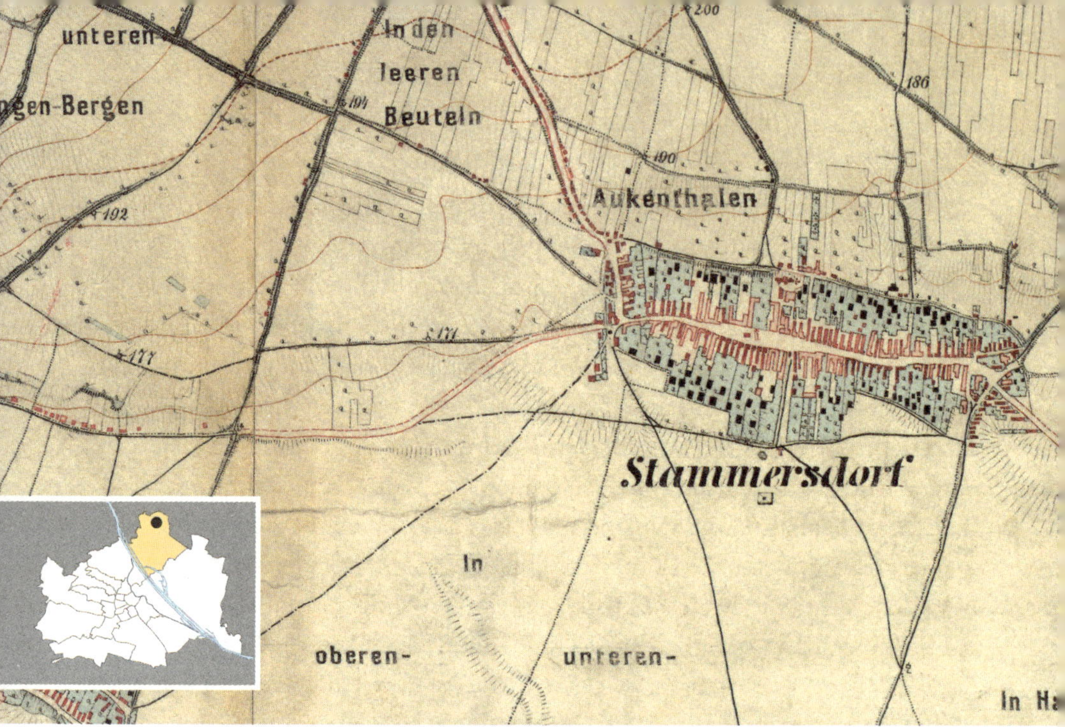

Stammersdorf

Via Kellergasse zum Bisamberggipfel

Mit Stammersdorf ist das so eine Sache. Einerseits liegt Stammersdorf an der Stammersdorfer Straße, andererseits ist auch das „Kellergasserl“ hinauf nach Hagenbrunn so richtig Stammersdorf. In dauernder Spannung zwischen den beiden Polen müht sich redlich der Dorfkundler ab.

Beginnen wir vorerst mit dem historischen Ort Stammersdorf. Die Ortsbezeichnung leitet sich vom Personennamen Stojmir ab, ist also slawischer Herkunft. 1203 wird der Ort erstmals als Stoumarsdorf bezeichnet. 1355 erwähnt Herzog Albert von Österreich in einem Brief eine „Urfahr zu Stemesdorf", die Ortschaft lag damals an einem Donauarm. Als Hemmnis für Wachstum und Entwicklung galt früher die versteckte Lage des Ortes abseits der Brünner Straße. Heute weiß man, dass das Fehlen der Durchzugsstraße dem Ort das Leben gerettet hat.

Der dörfliche Charakter ist bis heute noch gut erkennbar. Stammersdorf ist ein Linsenangerdorf, der Anger – und den können wir heute noch gut bei der Liebleitnergasse erkennen – wirkt wie ein

Die Brünner Straße in Höhe der Kreuzung mit der Stammersdorfer Straße, die in das Zentrum des Dorfes führt.

Gelenk, das Oberort und Unterort verbindet. Der Angerplatz, der im Fall eines Krieges als Weidefläche benutzt wurde, konnte durch die geschlossene Anlage der ihn umgebenden Häuser gut verteidigt werden. Ein weiteres Kennzeichen von Linsenangerdörfern: Die Kirche steht auf einem Hügel außerhalb der inneren Dorfstruktur und wurde im Notfall in die Verteidigungsanlagen einbezogen.

Der für den Dorfkundler wichtige zweite Teil, das Kellergasserl, beginnt mit dem Ende der Stammersdorfer Straße und führt bis zum Steinernen Kreuz auf den Bisamberg hinauf. Dort befindet sich der sogar in Landkarten eingezeichnete Parkplatz.

Jetzt wollen wir den Ort Stammersdorf besichtigen und starten bei der Endstation der traditionellen Heurigenbim, der Straßenbahn mit der Nummer 31 bzw. 30.

Der Weinort Stammersdorf aus der Vogelperspektive mit der dem hl. Nikolaus geweihten Kirche.

Dort wollen wir noch der Eisenbahn gedenken. Bis ins Jahr 1988 hatte Wien vier Kopfbahnhöfe. Den Westbahnhof, den Südbahnhof, der auch den Ostbahnhof eingestockt hatte und der trotzdem Südbahnhof hieß, den Franz-Josephs-Bahnhof und den Stammersdorfer Bahnhof. Letzterer steht 100 Meter vor der Endstation der Bim und ist dem ungetrübten Dämmerschlaf verfallen.

Zum Heizhaus benötigte man früher vielleicht fünf Minuten zu Fuß. Es wurde um 1900 errichtet und gliedert sich in Lokschuppen, Wasserturm und Wohntrakt. In der Monarchie wurde von den k. u. k. Staatsbahnen dieser Bautypus häufig verwendet, heute ist das Stammersdorfer Heizhaus das letzte noch bestehende seiner Art. Der Bildhauer Stephan Fischer begann bereits im Jahr 1983, den Verfall zu stoppen und es als Atelier zu nutzen. 1996 wurde das Heizhaus saniert und als Veranstaltungsort eröffnet. Nun ist es dem Verfall preisgegeben.

Etwas ist aber geblieben: Der Name Stammersdorfer Bahnhofspark. Die Eisenbahnstrecke wurde 1886 gegründet, die Loks der Dampftramway Krauss & Comp. dampften ursprünglich von der Augartenbrücke am Wiener Donaukanal bis nach Groß-Enzersdorf. Im Jahre 1903 wurde die Strecke sogar bis nach Auersthal, einer Gemeinde in den endlosen Weiten des Marchfeldes, verlängert. Nach dem Zweiten Weltkrieg fuhren diese Strecke noch 3.000 bis 4.000 Passagiere pro Tag. Doch im Jahr 1988 verließen nur mehr vier Züge den Stammersdorfer Bahnhof, und die Waggons waren größtenteils leer. Am 28. Mai 1988, genau im 102. Jahr ihrer Existenz, wurde die Strecke für immer eingestellt. Nur mehr die Signalanlage und die Plakatwände rechts der Bim-Endstation erinnern an die einstige Stammersdorfer Bahn. Außerdem noch eine Verschublok, die in ihrem weiteren Lokomotivleben nichts mehr zu verschieben hat.

Zwischen dem erwähnten Heizhaus und dem Bahnhof wurde eine neue Schule errichtet, mit Sportplatz und allem, was zu einer neuen Schule gehört. Wanda-Lanzer-Schule heißt sie, Wanda Lanzer (1896–1980) war eine polnisch-österreichische Publizistin und Archivarin, ihre Mutter war in zweiter Ehe mit dem sozialdemokratischen Parteistrategen Otto Bauer verheiratet.

Längs der Stammersdorfer Straße ist Haus an Haus aneinandergereiht. Bald erreichen wir den ersten Knickpunkt: Den Freiheitsplatz. Er erinnert an die Ausrufung der Republik am 12. November 1918.

Einen Weg wollen wir definitiv ausschließen: Den Weg zum Stammersdorfer Friedhof. Dort liegt die Oma des Schauspielers Ludwig Hirsch (1946–2011). Zumindest behauptete er dies in seinem mit grauslicher Verhaltenheit vorgetragenen Lied „Die Omama“:

Da stehn wir jetzt am Stammersdorfer Friedhof;
regnen tut‘s, die Füß tun mir schon weh.

Wir gehen in gerader Richtung weiter, bis wir das Gelenk der Stammersdorfer Achse erreichen. Dort steht das Hauptprostamt mit dem vorgelagerten Kriegerdenkmal. Durch eine phonetische Erweiterung – das Stammersdorfer „r“ – wurde so das Hauptpostamt gerettet. Heute werden hier keine Briefe mehr aufgegeben, sondern Bier und Schnitzel bestellt, die in der Regel vom Personal auch ohne Verrechnung einer Strafgebühr zugestellt werden. Zur Zeit ist es geschlossen.

Am Wege haben wir schon die alten Bauernhäuser gesichtet. Die Fronten der Häuser verlaufen nicht immer parallel zur Straßenachse, was auf andere historische Axialsysteme schließen lässt. Früher wurden sie zumeist als gemischte Betriebe geführt, sowohl mit Weinanbau als auch mit Viehhaltung. Am Wochenende wurde der große Wohnraum geleert, die Kinder mussten ihre Hausaufgaben im Dach-

Die wichtigsten Koordinaten von Stammersdorf auf einer Karte: Hauptstraße, Kirche, Schule, Gasthäuser und Bahnhof.

geschoß abschließen, Tische und Sessel stellten die Bauern bereit. So konnten die mit der Bim kommenden Wiener mit Speis und Trank versorgt werden, wobei beim Trank die verschiedenen Traubensorten der kleinen Weinfelder bei der Lese nicht getrennt wurden. Traube gesellte sich zu Traube, und als der Weinbauer im Herbst den jungen Wein servierte, war in den Krügen bereits der „gemischte Satz". Jahre später, genauer 2013, erhielt der „Gemischte Satz" in Wien den DAC-Status als geschützte Herkunftsbezeichnung.

Wir wandern geradeaus weiter, beim Schild Stammersdorfer Kellergasse drehen wir nach rechts und folgen der Hagenbrunner Straße, deren Name später tatsächlich in Stammersdorfer Kellergasse übergehen wird. Wir haben ihr schon eingangs als Kellergasserl gehuldigt. Und tatsächlich, wir steigen in einer echten Kellergasse bergan. Sie gleicht den vielen Kellergassen im Weinviertel: Tief im Löß eingeschnitten das enge Gasserl, links und rechts führen die Tore zu den Weinkellern. Über den Kellern haben viele der Bauern „Stüberl" errichtet, bei manchen schließt ein kleiner Weingarten an, der sich bis zu den Hängen des Bisamberges erstreckt. Hat man Pech, sieht man von dort den Dunst, der über der Donau schwebt. Ansonsten: Sichtfaktor gleich unendlich und grenzenlos.

Die Namen werden wir Ihnen nicht verraten, da kommen Sie schon selber drauf, ob es sich um die „schiefe Hütte" oder um den „Dornröschenkeller" oder gar um ein „Hexenhaus" handelt: Romantische und burleske Assoziationsketten stellen sich von selbst ein. Links führte einst ein Wiesenweg zu einer Buschenschank, die auch von der anderen Seite nur von einem solchen Weg erschlossen wurde. Der Besitzer Herr Muck war pensionierter Eisenbahner und mit seiner Frau schenkte er bei ihm einkehrenden Individualtrinkern Wein aus den Rieden hinter der Buschenschank aus. Irgendwann starben Herr Muck, und später, genauer am 20. Februar 2006, auch seine 85-jährige Frau Josefine, und nun verwildert der Weingarten. Das teils eingebrochene Wegerl wird als Mucksteig oder auch als Muckisteig bezeichnet.

Endlich oben beim Steinernen Kreuz und beim Parkplatz gehen wir den Stadtwanderweg 5 auf der Senderstraße Richtung Magdalenenhof. Die Ursache für die Benennung der Straße können Sie nicht mehr erblicken. Der Sender, der hier stand, war mit 265 Metern einer der höchsten Bauten Österreichs. Er ist am 24. Februar 2010 um genau 15 Uhr gesprengt worden.

Wanderfreudige können vom Magdalenenhof über das Eichendorff-Denkmal durch dichten Wald zur Gamshöhe weitergehen, dort muss man links abbiegen, um zur Elisabethhöhe zu gelangen. Mit 368 Metern ist diese Stelle der Gipfel des Bisamberges. Selbiger ist nach der Kaiserin Elisabeth benannt, die im Jahr 1856 von dort aus einem Manöver zuschaute, das von ihrem Franzl – Pardon, von KFJ, Kaiser Franz Joseph – geleitet wurde. Von dort aus können Sie einen herrlichen Blick auf die Wiener Pforte und auf das „Silberband der Donau" (nach Franz Grillparzer) werfen.

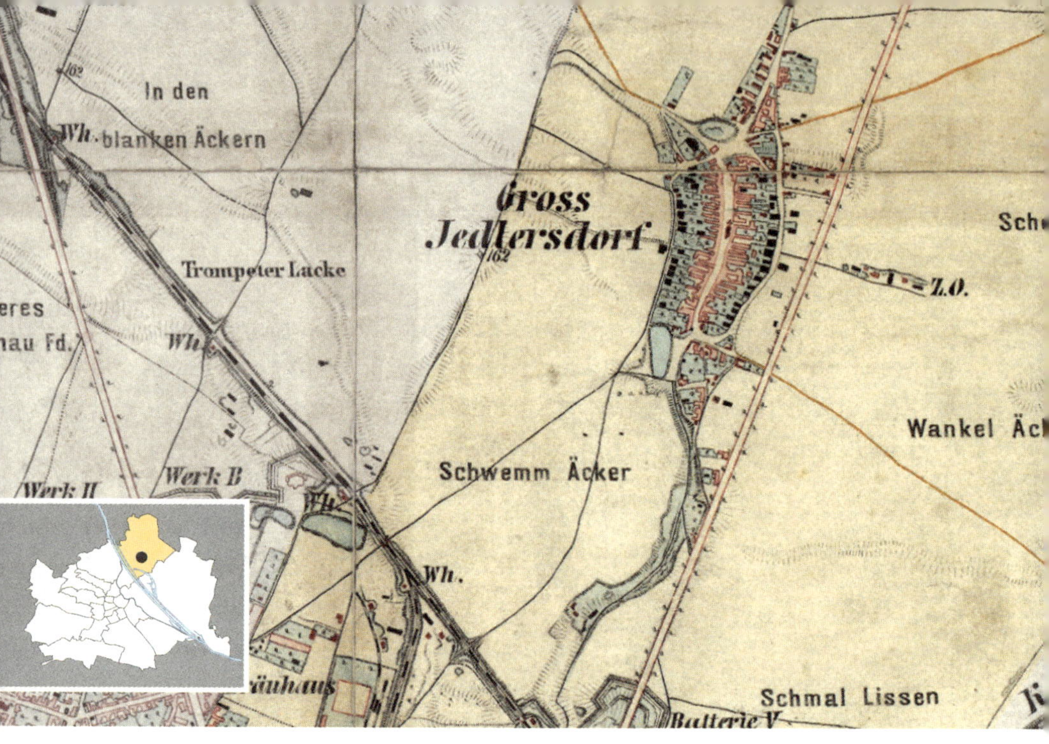

Großjedlersdorf

Fußballerische Reminiszenzen

Und am Anfang kommt das Ende. Wir starten beim Friedhof von Großjedlersdorf. Dort liegt Ceija Stojka begraben. Und wer war besagte Ceija Stojka? Sie gehörte zum Clan der Lovara. Die Lovara zählten zur Gruppe der walachischen Roma, die um 1900 als Pferdehändler aus der südrumänischen Walachei in die Wiener Gegend übersiedelten. Vom Übersiedeln zum tatsächlichen Ansiedeln ist es nicht ganz gekommen, da sie in der warmen Saison umherreisten, den Winter hingegen zumeist auf der Hellerwiese in Favoriten verbrachten. Ceija – mit bürgerlichem Namen Margarete Horvath – wurde am 23. Mai 1933 in Kraubath an der Mur, zwischen Leoben und Knittelfeld, geboren. Ihre Brüder hießen Karl Stojka und Mongo Stojka. Sie überlebte drei KZ-Lager: Auschwitz, Ravensbrück und Bergen-Belsen.

Viele Jahre später, in den Achtzigern, nahm Ceijas Leben eine interessante Wendung. Die Söhne ihrer Brüder, also Karl Ratzer, Sohn des Bruders Karl, sowie Harri Stojka, Sohn von Mongo, etablierten sich als Musiker, sie brillierten solo und mit Band national und international, wobei ihre Lovara-Herkunft durch die Verwendung

In Großjedlersdorf stellen sich die Fragen: „Wer verbirgt sich hinter den Initialen BB und TH?“ und „Wer ist Borovansky?“, den beide hier hochleben lassen?

alter folkloristischer Motive zu ihren musikalischen Fähigkeiten mit Entschiedenheit beigetragen hat. Ebenfalls in den Achtzigerjahren brach Ceija mit einer für ihre Großfamilie geltenden Gepflogenheit: Als Frau trat sie unaufgefordert in die Öffentlichkeit, berichtete über ihre tragischen Erlebnisse, und sie wandte sich speziell an den Gadscho, an den Nicht-Roma. Ceija Stojka malte und schrieb. Sie malte und schrieb sich die Albträume der KZ-Vergangenheit vom Leibe. Zu ihrem Gott wurde die gläubige Ceija Stojka am 28. Jänner 2013 gerufen. Ihr Grab befindet sich in Großjedlersdorf.

Ehe wir das Dorfzentrum queren, wollen wir dem in Wien einmaligen Fußballerviertel unsere Reverenz erweisen und dort mit beiden Händen ins grüne Kickergras greifen, als weilten wir weiland in Wembley. In Wien existiert tatsächlich ein Kickerviertel, dessen Straßen, Gassen und Stege zumeist nach Spielern der alten Admira benannt sind. Der Grund ist klar: Kickten hier doch die Fussballer der Admira bis zum Jahre 1966. Der Fußballplatz lag allerdings einige Steinwürfe vom Friedhof entfernt, nämlich an der Hopfengasse, ehe die Admira sich auf Druck des Sponsors mit den Meidlinger Kickern von Wacker Wien fusionierten und in der Südstadt im niederösterreichischen Maria Enzersdorf eine neue Bleibe fanden.

Wir wollen ein onomastisches Problem lösen. Selbstverständlich kommt der Begriff „Admira“ aus dem Lateinischen, von *admirare*, bedeutet also „Bewundere es!“, Imperativ. Die Gründe für die Bewunderung: Einer der Gründerväter war ein Remigrant aus Amerika. Dieser fuhr ausgerechnet mit einem Schiff zurück in die Alte Welt, das Admira hieß. Wir wollen aber auch zwei Kicker bewundern, die ausnahmslos nicht in den Leiberln der Admira aufs Spielfeld rannten. Da wäre einmal der grün-weiße Toni Fritsch, der es zum glorifizierten Wembley-Toni brachte. Österreich besiegte am bitterfeuchten 20. Oktober 1965 England mit 3:2, noch dazu auf dem geheiligten Rasen des Wembley-Stadions. Toni Fritsch schoss als rechter Flügelstürmer in seinem ersten internationalen Spiel zwei der drei österreichischen Tore. Zweitens erwähnen wir den violetten Ernstl Ocwirk, der seine Karriere beim Floridsdorfer AC startete und wahrscheinlich niemandem verraten hatte, dass man seinen aus dem Ex-Jugoslawischen stammenden Namen mit Grammel übersetzen könnte.

Also auf ins Kickerviertel. Beginnen wir mit der Pavlicekgasse, ohne Háček geschrieben, mit Háček gesprochen. Robert Pavlicek (1912–1982), Verteidiger erst bei der Admira, dann in Frankreich. Eigentlich noch im Heurigenviertel, ein kurzes Gasserl zwischen der Heurigenmeile und dem Fußballplatz Schwemm, die Kantine heißt passenderweise „Zum Anstoß“. Dann die Hanreitergasse. Franz Hanreiter (1913–1992), logischerweise Admiraner, Stürmer. Sodann die Platzergasse. Peter Platzer (1910–1959), Nachfolger des legendären Rudi Hiden im Tor des Nationalteams. Jetzt noch Fritz Schweidl (1901–1970), nach ihm ist die Schweidlgasse benannt. Und dann noch der Hahnemann mit seiner Hahnemanngasse. Willy Hahnemann (1914–1991), Admiraner, später Kicker bei Wacker-Meidling, 221 Tore in der obersten österreichischen Liga, starb auf dem Tennisplatz während eines Tennismatches. Auf der anderen Seite der Brünner Straße folgen noch die Straßen für Anton „Toni“ Schall und Adolf „Adi“ Vogl. Beide stürmten im legendären Wunderteam des vorigen Jahrhunderts. Unvergessen sind die Kommentare Willy Schmiegers, der ins Mikrofon des Radios brüllte: „Und jetzt der Angriff auf der linken Seite, Schall zu Vogl, Vogl zu Schall, Schallvogl, Voglschall, Schallvoglvoglschall …“ Und dann kam das. Cordoba. Niemand weiß Genaues über die Lage dieses Ortes in Argentinien, noch dazu gibt es auch ein andalusisches Cordoba, aber jeder kennt die mythische, im österreichischen Sinne victorianische Bedeutung – benannt nach der Siegesgöttin Victoria – dieser eigentlich als Córdoba, also mit Stricherl auf dem ersten O, bezeichneten Stadt. Logischerweise gibt's in Wien einen Cordobaplatz, denn der epochale Triumph über die übermächtigen deutschen Kicker muss sich selbstverständlich im Stadtbild niederschlagen, einprägen, einen Platz erhalten. Weil wo kämen wir denn hin, Wien ohne Cordobaplatz. Er befindet sich auch gar nicht weit weg von der Ocwirkgasse. Wie man sieht, hat alles eine höhere Ordnung: Um zum Cordobaplatz zu gelangen, nehmen wir die Edi-Finger-Straße. „I werd' narrisch!" – Edi Finger Senior hatte ja durch seine Kommentare, oder besser durch seine Jubilationen, viel dazu beigetragen, dass das legendäre Match in der nationalen Erinnerung verhaftet bleibt und dort nicht mehr rauskommt. Die Jubelrufe wurden auch als Tonträger verkauft, als Hörspiel gesendet, sodass wir dem Edi Finger diese schnurgerade aufs Ziel – den Cordobaplatz – hinführende Straße sehr wohl vergönnen. Halt, ehe wir dort sind. Nach links biegt die Heribert-Meisel-Gasse ab! Heribert Meisel, der nächste Reporter und der Erfinder des dreifachen sich vokalisch dehnenden Tor-Geschreies, das am einfachsten wie folgt niedergeschrieben wird: „TorToor-Toooor!" Und nach rechts geht's in den Maximilian-Reich-Weg. Leider erfährt man nichts über die Tragödie des besagten Sport-Journalisten. Er wurde wegen seiner nicht-arischen Herkunft am 15. März 1938 sofort nach der Okkupation verhaftet und mit einem der ersten Gestapo-Transporte am 1. April nach Dachau verschleppt. Von dort wurde er im September

In der Amtsstraße befindet sich die dem hl. Karl Borromäus geweihte Pfarrkirche – einst als Klein-Maria-Taferl eine beliebte Wallfahrtskirche. Die Volksschule an der Brünner Straße (Nr. 139) gibt es seit 1907.

Gross-Jedlersdorf Wien XXI
Amtstrasse
Allgem. Volksschule der Stadt Wien
ALLGEMEINE VOLKSSCHULE DER STADT WIEN

1938 nach Buchenwald überstellt. Durch ein in Großbritannien ausgestelltes Visum konnte er mit seiner Frau Emilie nach England flüchten. Nach Kriegsende kehrte er heim nach Österreich. Hugo Portisch schrieb über ihn in seinem Buch *Aufregend war es immer*: „Was Reich auszeichnete, war sein großartiger Humor … Er hatte eine Tochter Gertrude, die sie Traudi riefen. Nach dem Konzert lud ich sie zu einem Abendessen ein, bescheiden in ein kleines Gasthaus. Ja, das war der Anfang. Ein Jahr später heirateten wir".

Nun etwas zur Geschichte. Der Ort wurde erstmals 1108 als Urliugesdorf erwähnt. Die Urliuge stand für Kampf und Streit. Die Dorfachse – die heutige Amtsstraße – befand sich auf einer Insel

Im frühen 20. Jahrhundert scharen sich vorwiegend niedrige Häuser um die Kirche von Großjedlersdorf.

zwischen mehreren Donauarmen und litt dementsprechend unter kontinuierlichen Überschwemmungen. Im Jahr 1782 brachte ein Teil der Bevölkerung seine Schäfchen ins Trockene und gründete am Floridsdorfer Spitz gegenüber des schon bestehenden Ortes mit dem Namen Floridsdorf die Ortschaft Jedlersdorf am Spitz. Dieses am Spitz liegende Jedlersdorf trennte sich jedoch 1804 vom nördlich gelegenen Jedlersdorf und wuchs bald mit den Strukturen des sich rasch vergrößernden Floridsdorf zusammen. Für den alten Ort blieb nur mehr die Bezeichnung Großjedlersdorf.

Neben den alten ebenerdigen Häusern, die von der Form her an alte Streckhöfe erinnern, hat sich mitten auf der Straße die Pfarrkirche zum Heiligen Karl Borromäus erhalten: eine alte Wallfahrtskirche, in der einst Joachim Haspinger als Pfarrprovisor der Kapuziner wirkte. Der Name ist den Tirol-Spezialisten als Kumpel von Andreas Hofer vertraut. Er ist auch bekannt für sein Verbot der Pocken-Impfung, für das Verbieten aller Bälle und Vergnügungen sowie für Bekleidungsvorschriften für Frauen, die keine freie Haut mehr zeigen durften.

Die bis heute in der ursprünglichen Form – also mitten auf der Straße – erhaltene Kirche diente dereinst als Ziel der Wallfahrer und wurde so auch Klein-Maria-Taferl genannt. Maria Theresia soll öfters die Kirche besucht haben, während ihr Herr Gemahl sich zur Jagd in der Schwarzlackenau vergnügte. Die Schwarze Lacke war ein Seitenarm der Donau, der nach der Regulierung vom Hauptarm abgetrennt und nach 1945 restlos verbaut wurde.

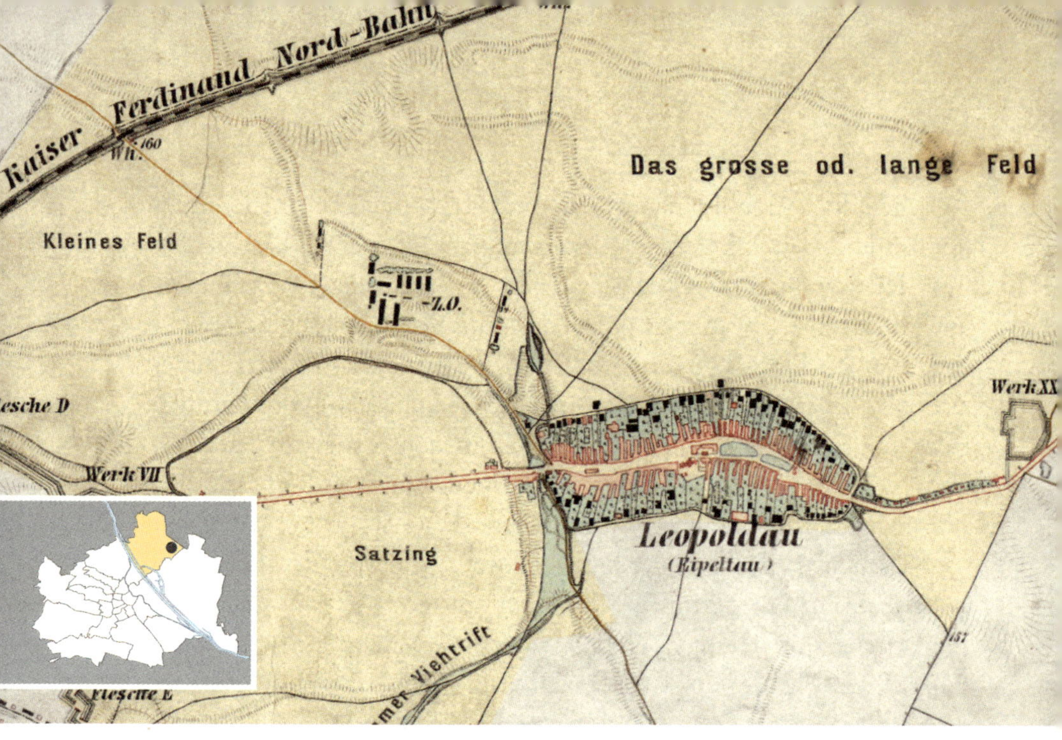

Leopoldau

Das Dorf der Gänse

„Leopoldau, ein Dorf im Marchfelde siehe die Beschreibung von Eupeltau", lesen wir im vierten Band (1834) der „Darstellung des Erzherzogthums Oesterreich unter der Ens" von Franz Xaver Joseph Schweickhardt (1794–1858). Wir wollen Ihnen, geschätzte Leserin, geschätzter Leser, das Original nicht vorenthalten: „Eupeltau, gewöhnlich aber fälschlich Leopoldau genannt, ein Pfarrdorf von

94 Häusern, 1½ Stunde von Wien entfernt, im Marchfelde gelegen. Die nächste Poststation ist Stammersdorf am Rendez-vous. Kirche und Schule befinden sich im Orte, davon gehört das Patronat dem Stift Klosterneuburg, die Pfarre aber in das Decanat Pillichsdorf. Der Wehrkreis ist dem Lin. Inf. Regmte. Nro. 4 zugewiesen. – Das Landgericht, die Grund-, Orts- und Conscriptionsobrigkeit ist die Herrschaft Stift Klosterneuburg. Der Ort enthält eine Bevölkerung von 158 Familien, 380 männlichen, 370 weiblichen Personen und 104 Schulkindern. An Viehstand werden 160 Pferde, 150 Kühe, 300 Schafe und bei 4.000 Gänse und Enten gezählt. Die hiesigen Einwohner sind Landbauern, welche den Feldbau betreiben,

Vom Marchfeld kommend zeigte sich der dörfliche Charakter von Leopoldau; weite Felder und niedrige Bauernhäuser. Mit zunehmender Nähe zu Wien tauchten auch Fabrikschlote auf.

sich aber vorzüglich mit Milch- und Gänsehandel nach Wien beschäftigen. Der erste Zweig liefert von den ziemlich guten, meist wellsandigen Gründen, welche auch öfteren Ueberschwemmungen der Donau ausgesetzt sind, Weizen, Korn und Gerste, wenig Hafer aber auch nur unbedeutend Obst; letzterer aber ist sehr bedeutend besonders bei den Gänsen, welche in die Residenzstadt unter der Benennung Eupeldauer Gänse, vorzüglich gern gekauft werden, weil sie meist gut gemästet sind. Da der Stand derselben, wie oben erwähnt, bei 4.000 zählt, so darf man nach dem Brüten das Jahr hindurch wohl 30 bis 40.000 Stück annehmen, die gerupft zum

Leopoldau, ein klassisches Angerdorf mit Dorfanger und Teich, wurde immer wieder durch Hochwasser bedroht, die bis zum alten Ortskern reichten.

Verkaufe nach Wien gebracht werden. Der Verkaufsplatz in Wien ist im tiefen Graben, an jedem Samstag in der Woche."

Wir fragen uns: In welcher kulinarischen Liga spielten die Eipeldauer Gänse? Das Federvieh war, so ein Inserat der Delikatesshandlung Meditz (Lerchenfelder Straße 92) aus dem Jahre 1900, auf Augenhöhe mit Prager Schinken, Veroneser und Ungarischer Salami, Steirischem Geflügel und Tiroler Butter. Heute würden wohl auch Marchfeldspargel und Wachauer Marillen im selben Atemzug genannt werden. Der Name Eipeldauer hält sich in der Eipeldauer Straße, der verlängerten Siemensstraße. Sie beginnt dort, wo die von West nach Ost verlaufende Leopoldauer Straße endet und der Leopoldauer Platz beginnt – eine salomonische Lösung, die beiden Namen gerecht wird. Zudem hat der Name noch einen Fixplatz in der Literatur: Stichwort Eipeldauer Briefe. Der Originalname ist ähnlich sperrig wie „der Schweickhardt" und lautet im vollen Wortlaut: „Briefe eines Eipeldauers an seinen Herrn Vetter in Kakran, über d'Wienstadt. Aufgefangen und mit Noten herausgegeben. Von einem Wiener." Dazu noch drei bibliografische Ankerpunkte: Erscheinungsort Wien, Erscheinungsdatum 1785 und der Autor: Joseph Richter (1749–1813).

Als sich der Feuilletonist Ludwig Hirschfeld (1882–1945; das genaue Todesjahr ist unbekannt) im Sommer 1912 auf Feldforschung nach Leopoldau begab, war die dortige Welt keine rein bäuerliche mehr. Das weithin sichtbare Gaswerk Leopoldau hatte zu Jahresbeginn seine Produktion aufgenommen, es bildete eine neue Landmarke in der transdanubischen Ebene. „Die Ankunft in der Personenhaltestelle Leopoldau ist freilich eine kleine Enttäuschung. Nichts als Schlote und Fabriken, Kohle und Eisen, eine rußige, rauchige Gegend. Eine große Tafel weist zwei entgegengesetzte Richtungen: nach Wien und nach Krakau. Ich entschied mich jedenfalls für Wien.

Zwischen Feldern und Fabriken zieht sich die kohlenschwarze Landstraße und die ganze Gegend besteht aus Kontrasten." (*Neue Freie Presse*, 22. August 1912).

Doch was war aus dem idyllischen Bauernort geworden? Große Gasreservoire im Bauerndorf? Die Orte am linken Ufer der Donau („Transdanubien") hatten mit der Eingliederung von Floridsdorf, die am 12. November 1904 gesetzlich beschlossen worden war, einen Aufschwung genommen. Mit dabei waren jene Ortschaften, die damals den neuen 21. Bezirk bildeten, also Jedlesee, Großjedlersdorf, Donaufeld, Leopoldau, Kagran, Hirschstetten, Stadlau und Aspern. Da es den jungen Bezirk auch zu versorgen galt, wurde in die Infrastruktur investiert, Platz war ja (noch) genug vorhanden. Das Gaswerk Leopoldau war eines der Herzeigeprojekte der Stadt. Das der Stadt Wien gehörende Werk übernahm die Herstellung von Stadtgas, das damals vor allem für die Beleuchtung der Wiener Straßen benötigt wurde. Eröffnet wurde das Leopoldauer Gaswerk am 16. April 1912.

Im Herbst 1929 pries man „Das neue Wahrzeichen Wiens", so die *Arbeiter Zeitung* am 29. Oktober 1929. Mit einer Höhe von 106 Metern und einem Durchmesser von 68 Metern hätte man die Votivkirche samt ihren beiden Türmen hier unterbringen können. Das Fassungsvolumen von 300.000 Kubikmetern machte ihn zum zweitgrößten in Europa. Doch Mitte der 1980er-Jahre war auch er Geschichte und wurde abgebrochen. Freilich ist der alte Dorfanger in seiner ursprünglichen Form noch erhalten. Er wurde zum Karl-Seidl-Park und trägt den Namen eines verdienten Leopoldauers. Karl Seidl (1905–1971), Gastwirt, Kapellmeister und Heimatkundler, begründete 1930 die Leopoldauer Blasmusikkapelle. Auch einen Teich, der den – Sie raten richtig – Namen Seidls trägt, gibt es hier. Es fehlen halt die schnatternden Gänse. Für die landwirtschaftlichen Wurzeln des Dorfes bemühen wir im 21. Jahrhundert

Der Name Altleopoldau ist nur einer von vielen Namen für Leopoldau; auch Alpoltowe, Altentoe, Alpeltow, Eypeltau, Apoltau oder Eipeldau sind überliefert.

die Heraldik. Das Floridsdorfer Bezirkswappen hat sechs Felder, eines zeigt einen Strauß mit fünf goldenen Ähren, den eine rechte Hand hält. Es symbolisiert den Bezirksteil Leopoldau und ist ein unmissverständlicher Hinweis auf das einstige Bauerndorf. Freilich wäre eine Gans im Wappen naheliegend(er). Doch dem Federvieh wurde mit Gänserndorf die im Marchfeld gelegene Bezirkshauptstadt reserviert, im Namen wie auch im Wappen. Zurück nach Leopoldau. Nicht nur die Gänse, auch der gigantische Gasometer wäre für das Wappen ein heraldisches Novum gewesen, dieser Industriebau hatte ein Alleinstellungsmerkmal.

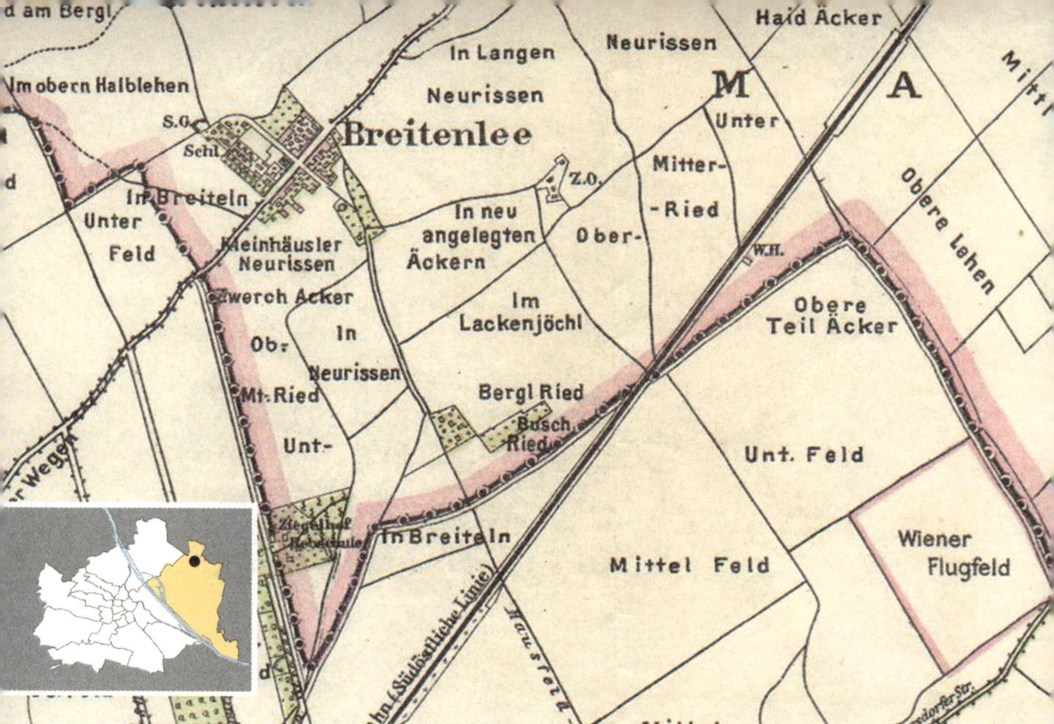

Breitenlee

„Agrarischer Rückhalt“

Wir Autoren haben eine gemeinsame Vergangenheit: die Schulzeit. Wir besuchten, aufgrund unterschiedlicher Geburtsjahre etwas zeitversetzt, das Wiener Schottengymnasium. Wir sprechen von den späten 1970er und frühen 1980er–Jahren. Wir lernten nicht nur Latein, Griechisch und andere Dinge fürs Leben, wir wurden auch mit den Regeln des hl. Benedikt vertraut. Spannend waren die vielen

Facetten seines Leitspruches „Ora et labora!“ – Bete und arbeite! Das Beten wollen wir einmal außer Acht lassen. Zur Arbeit und damit auch zum Geldverdienen der Benediktinerpatres zählen nicht nur der Schulunterricht und die Seelsorge in den Pfarren, sondern auch eine Reihe von Wirtschaftsbetrieben und Gütern, die dem Stift gehören.

Einer unserer Lehrer war P. Heinrich Ferenczy (1938–2018), er war Direktor und von 1988 bis 2006 auch Abt des Stiftes. Er unterrichtete nicht nur Deutsch, Geschichte und Philosophie, sondern er schrieb 1980 auch ein Buch über das Schottenstift, mit dem wir in medias res gehen: „Eines der ältesten Güter liegt in Breitenlee (früher: Praitenlee). Herzog Leopold VI. schenkte diese Liegenschaft dem Schottenstift schon bald nach 1200. Mehr als 300 Jahre später wurden durch die Türken Gutshöfe und Felder völlig verwüstet und blieben fast bis 1700 unbewirtschaftet. Abt Sebastian I. Faber (1683-1703) gründete 1694 ein neues Dorf und besetzte es mit Ansiedlern. Fünf Jahre später, am 2. August 1699, wurde zu Ehren der hl. Anna durch den Bischof von Wiener Neustadt, Graf Anton von Puchheim, die Kirche geweiht. Seit

Bis heute hat sich der ländliche Charakter von Breitenlee rund um die der hl. Anna geweihten Kirche erhalten.

Dreschmaschine auf Gut Breitenlee, im Besitz der Benediktiner des Schottenstiftes.

2

jener Zeit ist das Gut Breitenlee der wichtigste agrarische Rückhalt des Stiftes geblieben.“ Damit wäre das Labora erfüllt.

Das Ora bediente P. Heinrich Ferenczy 2011 mit einem anderen Buch: „In Gottes Hand geborgen. Predigtsplitter“ (Styria). In kaum einem anderen der Wiener Dörfer ist der ländliche Charakter noch so spürbar wie in Breitenlee. Dies vermitteln die niedrigen Häuser, die Felder und Obstbäume, die bis an die Breitenleer Straße heranreichen. Und weil wir vorher die Schotten erwähnt haben, schauen wir uns den Betrieb in Breitenlee an der Adresse Breitenleer Straße 247 kurz an. „Solange es der Städte- und Straßenbau zulassen, werden wir in Wien Ackerbau betreiben. Denn wir sehen es als unsere Aufgabe, gerade auch im Stadtgebiet einen gewissen Anteil an Landwirtschaft zu erhalten.“ Ein klares Bekenntnis zur Wiener Nahversorgung. Wir empfehlen statt trockener Worte frische Früchte des Hofladens, der Freitag und Samstag geöffnet hat. Ein breites Angebot von Äpfeln, Kirschen und Weichseln kommt aus Breitenlee, das wir hiermit zum Wiener Obstdorf küren.

Doch nicht nur dem Obst der Patres, sondern auch der Bahn wollen wir uns widmen. Kaum jemand weiß heute noch Details über den Verschiebebahnhof Breitenlee, dessen Areal sich nördlich des alten Ortskerns befindet. Vor mehr als 100 Jahren war es eines der ehrgeizigsten Bahnprojekte der damals noch bestehenden Monarchie. „Den Hauptknotenpunkt der für den Wiener Transitverkehr neu geschaffenen Umleitungswege bildet der zwischen den Ortschaften Süßenbrunn und Breitenlee im Bau befindliche Verschiebebahnhof Breitenlee.“ (*Der Bautechniker*, 1916; Nr. 49, S. 388). Hier hätten seinerzeit mehr als 60 km Gleise verlegt werden und somit der größte Verschiebebahnhof Europas entstehen sollen. Mit dem Bau wurde zwar im Ersten Weltkrieg begonnen, aber 1925 war Schluss damit. Das Projekt wurde eingestellt, nie zu Ende geführt und ging nur teilweise in Betrieb. Immerhin bot der Teilbetrieb Anlass für heroische Reminiszenzen: „Vor den Toren der Großstadt, inmitten der Getreidefelder des fruchtbaren Marchfeldes, war da ein riesiges Verkehrszentrum entstanden. Über Breitenlee fuhren die Söhne des Alpenlandes auf die russischen Schlachtfelder, wurden die Kinder der Puszta in die Sturmgräben vor Verdun und an die Marne gebracht, zogen deutsche Armeen nach dem Balkan, an den Bosporus, bis ins ferne Asien." (*Das Kleine Blatt*, 27. Juli 1928). In den 1930er-Jahren erfolgten die Demontage der Schienen und der Abtransport des Gleisschotters für andere Zwecke – Urban Mining im klassischen Sinne würden wir heute sagen. Eine Bahnbrücke über der Breitenleer Straße ist einer der wenigen baulichen Reste der Anlage. Statt in Breitenlee entstand im ausgehenden 20. Jahrhundert der Zentralverschiebebahnhof Wien-Kledering, der größte seiner Art im Lande, im Süden Wiens, in der Nähe des Zentralfriedhofs.

Doch der längst nicht mehr existierende Verschiebebahnhof Breitenlee kennt heute einen großen Gewinner: die urbane Natur. Das Areal gehört zu den bedeutenden Stadtwildnisflächen. Hier entstand der Lebensraum einer bunten Flora und lebendigen Fauna, wie sie auf einem in Betrieb befindlichen Verschiebebahnhof wohl kaum je Fuß fassen hätte können. Wir finden geschützte Pflanzen, wie das Pfriemengras (*Stipa capillata*), den Acker-Schwarzkümmel (*Nigella arvensis*) oder das Helm-Knabenkraut (*Orchis militaris*). Nebenbei hören wir den Gesang der Haubenlerche (*Galerida cristata*), das Quaken der Wechselkröte (*Bufo viridis*) und das Zirpen der Feldgrille (*Gryllus campestris*). In feuchteren Bereichen hüten wir uns davor auf die Wiener Schnirkelschnecke (*Cepaea vindobonensis*) zu treten.

Dass rundherum Siedlungen an das Stadtwildnisgebiet heranrücken, mag uns hellhörig machen. Es gilt aufzupassen, dass der Breitenleer Lebensraum von Pfriemengras und Wechselkröte erhalten bleibt. Keine andere Nutzungsform kennt eine höhere Biodiversität als der verwilderte Verschiebebahnhof von Breitenlee.

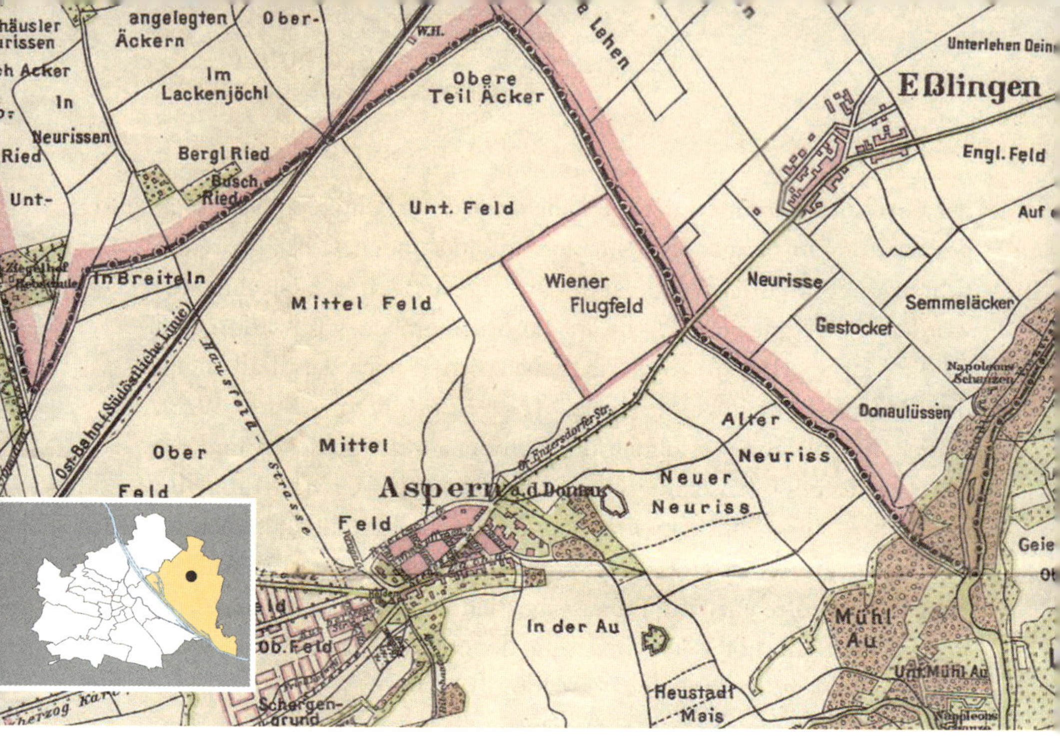

Aspern und Essling

Napoleons Waterloo

Die Marchfelddörfer Aspern und Essling sind deshalb einzigartig, weil sie in vielen Geschichtsbüchern dieser Welt Erwähnung finden. Und das hängt mit einem Ereignis zusammen, das sich am 21. und 22. Mai 1809 zutrug: Der österreichische Erzherzog Karl hatte mit seiner Armee Napoleon, den ruhmreichen Kaiser der Franzosen, und dessen Armee besiegt.

Wenn wir in Österreich von der Schlacht von Aspern sprechen, reden die Franzosen von der Bataille d'Essling, der Schlacht von Essling. Die kriegshistorische Wahrheit liegt in der Mitte, oder anders gesagt, beide haben recht. Kurz die Ausgangssituation: Die Österreicher waren von Norden gekommen, sie hatten zwischen beiden Dörfern Stellung bezogen. Napoleon kam von Süden über die Donau und die Lobau. Zu den heiß umkämpften Schlachtorten gehörten die Kirche von Aspern ebenso wie der Schüttkasten von Schloss Essling.

Nach seinem Waterloo in Aspern und Essling im Mai 1809 ließ sich Napoleon nicht unterkriegen. Er holte Verstärkung und schlug am 5. und 6. Juli bei der Schlacht von Wagram – eigentlich müsste es Deutsch Wagram heißen – die heimischen Truppen.

Der Löwe von Anton Dominik von Fernkorn vor der Kirche in Aspern erinnert an den Sieg der Österreicher im Mai 1809 über die Truppen Napoleons.

Am 14. Oktober 1809 wurde in Schloss Schönbrunn Frieden geschlossen. Soweit das Stakkato der historischen Koordinaten.

Seit 1809 ist Aspern in regelmäßigen Abständen in den heimischen Schlagzeilen; zum 50-jährigen, zum 100-jährigen, 150-jährigen usw. Jahrestag des Sieges. Essling wird in dem Kontext kaum genannt. Übrigens darf man Aspern nicht mit Asparn verwechseln. Wer ein „A“ statt einem „E“ spricht, ist an der Zaya, also im Weinviertel. Um Verwechslungen mit Asparn an der Zaya im Weinviertel zu vermeiden, gilt es eine gepflegte Aussprache hochzuhalten. Jedoch hat die urkundliche Erwähnung unseres Ortes in Transdanubien von 1258 als *Asparn* zugegebenermaßen Verwirrungspotenzial.

Als die Karte gedruckt wurde, wussten alle, dass Esslingen in Transdanubien liegt. Heute ist klar: Die Stadt Esslingen liegt am Neckar in Deutschland.

Bei Essling, bis 1999 war die amtliche Schreibweise Eßling, ist es ein wenig einfacher. 1286 taucht ein Chvnradus de Eslarn auf, ein Spross einer Adelsfamilie, deren Mitglieder im 14. und 15. Jahrhundert zu den Ratsbürgern Wiens zählten. Freilich sorgt die Bezeichnung „Esslingen" auf einer Ansichtskarte aus dem ausgehenden 19. Jahrhundert für Verwirrung: Dieser Name steht eindeutig für die Stadt am Neckar südlich von Stuttgart im deutschen Baden-Württemberg. Somit hat Essling dasselbe Verwirrungspotenzial wie Aspern. Mit ein Grund, beide in einem Namenszug zu nennen.

Zurück zu den Schlagzeilen, und damit zu einem berühmten Denkmal, das an die Niederlage der Franzosen erinnert. Wir sprechen vom Löwen von Aspern, der von Anton Dominik Fernkorn aus Stein geschaffen wurde. Aus Bronze goss er die beiden Reiterstatuen, jene von Erzherzog Carl und jene von Prinz Eugen am Wiener Heldenplatz. Würde man meinen, dass der Asperner Löwe zu einem Jubiläum geschaffen wurde, so verhängt man sich in den Läufen der Zeit. Denn den Löwen enthüllten sie nicht erst zur 50-jährigen Schlachtenerinnerung, sondern exakt ein Jahr davor. Fertig war er sogar schon im Oktober 1857. Damals konnte man den von Erzherzog Albrecht beauftragten Löwen im Atelier Fernkorns in Wien besichtigen. Welch eine Ausnahme, welche Überpünktlichkeit! Über die feierliche Enthüllung lesen wir in der *Morgen-Post* vom 31. Mai 1858 unter dem Titel „Denkmal in Aspern" folgende Zeilen: „Denkmal in Aspern. Um das Andenken an den ruhmreichen Sieg zu erhalten, welcher am 21. und 22. Mai 1809 bei Aspern von der österreichischen Armee erfochten wurde, wurde durch patriotische Gaben ein monumentaler Löwe in kolossalen Dimensionen von der Meisterhand des Bildhauers Fernkorn in Wien ausgeführt. Die Enthüllung und Einweihung dieses Denkmals hat am 22. Mai, also am Jahrestage, in Gegenwart Ihrer k. Hoheiten der durchlauchtigsten

Herren Erzherzoge Wilhelm und Karl Ferdinand, wie auch im Beisein vieler Herren k. k. Generäle, Stabs- and Oberoffiziere und des allerdings sehr zusammengeschmolzenen Häufleins Veteranen aus jener Zeit stattgefunden."

Auch Essling hat in Sachen Bildhauerei einen berühmten Namen zu nennen. Hier wurde am 24. Mai 1693 Georg Raphael Donner geboren, einer der berühmtesten Bildhauer seiner Zeit. Sein bekanntestes Werk, der Donnerbrunnen, befindet sich am Neuen Markt in der Wiener Innenstadt. Eine Gedenktafel an der Adresse Eßlinger Hauptstraße 95 erinnert daran, dass dort einst sein Geburtshaus stand. Details der Inschrift, „geb. am 24. Mai 1693 zu Essling, gest. am 15. Februar 1741 zu Wien" verdeutlichen einmal mehr, dass Essling damals nicht zu Wien gehörte.

Freilich, die großen Schlagzeilen des 20. Jahrhunderts gehören Aspern. Hier wurde bekanntlich Wiens Flughafen errichtet, hier landeten Pioniere und Promis. Einige wollen wir nennen, doch ebenso wollen wir erwähnen, dass es Pläne gab, den Wiener Flughafen in Simmering auf der Simmeringer Haide zu errichten. Dort hatte am 23. Oktober 1909 Louis Blériot seine Runden vor staunendem Publikum gezogen, Seine Majestät KFJ inklusive. Argumente für die jeweiligen Standorte wurden angesichts der Flugwoche 1910 thematisiert, für die man einen Austragungsort in Wien suchte. „Zwei Plätze wurden ausfindig gemacht: einer bei Aspern und einer in Simmering. Der bei Aspern ist vom Standpunkt des Aviatikers ein ideales Flugfeld, doch die Verkehrsbedingungen dorthin sind ganz miserable. Das Flugfeld in Simmering ist weniger günstig, weist aber ganz vorzügliche Verkehrsbedingungen auf." (*Allgemeine Automobil-Zeitung*, 18. September 1910).

Kurzum, man entschied sich für Aspern. Das Flugfeld wurde im Zuge eines internationalen Flugmeetings am 23. Juni 1912 um 15 Uhr eröffnet, um halb acht Uhr abends war Schluss, ein Böllerschuss ver-

Zwischen der Eröffnung des Flugfeldes in Aspern (1912) und dessen Stilllegung (1977) wurden hier zahlreiche Rekorde der Aviatik, wie man früher sagte, aufgestellt.

kündete das Ende. Der Wettbewerb hatte mehrere Kategorien. Es gab eine Wertung auf Höhe, eine auf Steiggeschwindigkeit, eine auf Distanz und eine auf Dauer. Am ersten Tag waren mehr als 120.000 Menschen gekommen, darunter auch der hohe Adel mit Erzherzog Leopold Salvator. Aber nicht nur elegante Kurven wurden in der Luft gezogen, es kam auch zu schrecklichen Zwischenfällen. Glück im Unglück hatte Ingenieur Stanger. Er stürzte mit seiner Etrich Taube aus 15 Metern Höhe ab und überlebte, das Fluggerät war ein Totalschaden.

Im nächsten Jahr landete im Rahmen des zweiten Internationalen Flugmeetings Graf Zeppelin mit seinem Luftschiff Sachsen in Aspern, nachdem er vorher über Wien eine Ehrenrunde gezogen hatte. Am 1. April 1918 schrieb man mit dem weltweit ersten

494/13 Andr. Rauschan, Wien, II/3 Prater, Harkortstraße 7

Gruß vom Flugfeld in Aspern,

XXI.

Postflug von Wien über Krakau, Lemberg und Proskurow nach Kiew erneut Luftfahrtgeschichte.

Wir könnten noch über vieles bis zur offiziellen Stilllegung am 31. März 1977 berichten. Damals waren die Betonpisten auch schon lange (seit 1956) für Autorennen genutzt worden. Jochen Rindt, Dieter Quester und Niki Lauda sind die bekanntesten heimischen Rennfahrer. Wer mehr über all das wissen will, möge die Website www.flugfeld-aspern.at besuchen.

Im 21. Jahrhundert kennt man Aspern vor allem durch folgendes Riesenprojekt: die Seestadt. Sie gehört zu den größten Stadtentwicklungsgebieten Europas, hier entsteht Wohnraum für mehr als 25.000 Menschen samt Infrastruktur und 20.000 potenziellen Arbeitsplätzen

Vieles hat sich in Aspern im Lauf der letzten 200 Jahre geändert; die dem hl. Martin geweihte Kirche ist seit alters ein Orientierungs- und Zufluchtsort.

(www.aspern-seestadt.at). In diesem Teil Transdanubiens rühmt man sich für Innovationen und zukunftsweisende Projekte mit erneuerbaren Energien. Da hätte die Geothermieanlage Aspern/Eßling gut ins Konzept gepasst. Man erhoffte sich davon 40 MW Wärmeleistung, was genügt hätte, um 40.000 Wohnungen in Wien zu heizen. Hätte 2012 alles gepasst, hätte die Prognose mit der erbohrten geologischen Realität im Untergrund übereingestimmt, wäre die Anlage Anfang 2015 ans Wiener Fernwärmenetz angeschlossen worden. Doch auch Geologen können sich bei Prognosen täuschen. In mehr als 4.000 Metern Tiefe wurde die Bohrung abgebrochen, weil die Gesteinsschichten im Untergrund nicht horizontal verliefen, wie man erwartet hatte, sondern vertikal angetroffen wurden.

Damit wurde das konkrete Projekt ein geologisches Waterloo. Aber die Geothermie als alternativer Energieträger ist in Transdanubien noch immer ein Thema. Man muss nur einen anderen Bohrpunkt suchen.

Geothermie nutzen zu können ist in mehrfacher Hinsicht wünschenswert. Sie beruht darauf, dass es mit zunehmender Tiefe (geothermischen Tiefenstufen) wärmer wird, im Schnitt sind das pro 33 Meter ein Grad Celsius, oder drei Grad Celsius pro 100 Meter. Das heißt: Je tiefer man gräbt, desto wärmer wird es. Geothermie erzeugt keine Emissionen und trägt damit entscheidend dazu bei, die Klimaziele zu erreichen. Sie zählt zu den erneuerbaren Energien, ist lokal nutzbar und fördert somit die Unabhängigkeit von ausländischen Energieanbietern und schwankenden Energiepreisen.

Kaiserebersdorf

Einst dichter Auwald

Das Dorf, wo einst der Eber hauste. Da ist was Wahres dran an dem Buchtitel von Hans Havelka. Und Prof. Havelka, Jahrgang 1915, musste es wissen, war er doch *der* Simmeringer Heimatforscher, Mitbegründer des dortigen Bezirksmuseums und Autor zahlreicher Bücher über den 11. Bezirk, über Simmering. Es ist sowohl amüsant als auch lehrreich, seinen Spuren zu folgen, frei nach dem Motto: „Ein besinnlicher Spaziergang durch Kaiser-Ebersdorf und Albern". Das ist im Übrigen der Untertitel des genannten Buches aus dem Jahr 1971.

Ursprünglich war das Gebiet – wir sind im Südosten Wiens im Bereich des rechten Donauufers unterwegs – ein dichtes Auwaldgebiet. Es ähnelt im Aussehen dem linken Donauufer, wo sich seit 1996 der Nationalpark Donau-Auen befindet. Der Wildreichtum war legendär. Somit hätten wir den „Eber" im Ortsnamen erklärt. Dass sich kaiserliche Hoheiten gerne ihre Zeit mit der Jagd vertrieben, ist ja bekannt – wieder sind wir dem Namen ein Stück näher. Und wo kaiserliche Hoheiten jagen, werden sich kaiserliche Hoheiten auch stationieren und laben. Also wurde dort ein Schloss gebaut.

Schloss Kaiserebersdorf wurde 1745 in ein Armenhaus umgewidmet, war später eine Kaserne, dann Monturdepot, ehe es zur Strafvollzugsanstalt wurde.

Freilich ganz so einfach ist die Herleitung des Namens auch nicht, so plausibel sie auch klingen mag. Am Eber wollen wir nicht rütteln. Ehe die Habsburger hier jagten, taucht für diese Region der Name Hintberg (= Himberg) auf. Havelka nennt hier einen mittelalterlichen Herrensitz. Ab 1499, das Anwesen ist nun im landesfürstlichen Besitz, beginnen mehrere Entwicklungsphasen, die das Anwesen zu einem kaiserlichen Jagdschloss umgestalten. Da es nicht weniger als sieben (!) Ebersdörfer in Niederösterreich gibt, musste Klarheit geschaffen werden. So entstand aus diesem Ebersdorf unser heutiges Kaiserebersdorf. Alles klar?

Dann folgte 1529 die Erste Türkenbelagerung. Für unser prachtvolles Schloss hieß es dann: zurück an den Start, das heißt Wiederaufbau. Unter Kaiser Maximilian II. (1527–1576) blühte das Schloss richtig auf. Der Monarch hatte ein Faible für exotische Tiere und brachte im April 1552 den ersten Elefanten nach Wien, der den staunenden Bewohnern vorgeführt wurde. Das Tier verweilte, nein, wählen wir ruhig den Begriff „logierte“, in der Menagerie im kaiserlichen Schloss in Kaiserebersdorf. Und diese Logis entstand 200 Jahre bevor der Tiergarten in Schönbrunn im Jahr 1752 (= ältester Tiergarten der Welt) gegründet wurde.

Dann kam es 1683 zur Zweiten Türkenbelagerung, und schon wieder konstatieren wir: schwere Beschädigungen. In der offiziellen Geschichtsschreibung des Justizministeriums ist folgendes dokumentiert: „Die Justizanstalt Wien-Simmering in der Kaiser-Ebersdorfer-Straße 297 ist in einem ehemaligen Jagd- und Lustschloss der Habsburger untergebracht. Unter Kaiserin Maria Theresia wurde das Schloss 1745 in ein Armenhaus umgewidmet, später als Kaserne eines Artillerieregiments und dann als Monturdepot der Hoch- und Deutschmeister genutzt. 1920 wurde eine Jugendstrafanstalt etabliert. Mit Inkrafttreten des Jugendgerichtsgesetzes 1929 entstand eine Erziehungsanstalt, die – mit einer Unterbrechung durch den II. Weltkrieg – bis Ende 1974 bestand."

Welch erstaunliche Verwandlung. Heute befindet sich hier eine allgemeine Strafvollzugsanstalt. Nicht zuletzt dank eines Neubaus, der alle architektonischen Einrichtungen, Stacheldraht inklusive, eines modernen Gefängnisses vereint, sind hier mehr als 500 männliche Insassen untergebracht.

Kaiserebersdorf besteht nicht nur aus dem Gefängnis, wenngleich das einstige Habsburgerschloss das Ortszentrum am Münnichplatz dominiert. Diesen erreicht man über die Kaiser-Ebersdorfer-Straße, eine Ausfallstraße, die von Simmering schnurstracks ins Ortszentrum, zum Münnichplatz, führt. Und dort ist – aus Sicht der Kaiser-Ebersdorfer-Straße – die Welt aus. Nur noch ein paar Hausnummern, und bei Nr. 305 bleiben wir vor dem Gleiskörper der Donauländebahn stehen. Eine seit 1872 existierende Verbindung im Süden Wiens zwischen Hetzendorf, Kaiserebersdorf und Albern. Jenseits der Gleise: die Mannswörther Straße als logische Fortsetzung der Kaiser-Ebersdorfer-Straße, als Anknüpfung an das niederösterreichische Mannswörth.

Der Münnichplatz, der eigentlich Kirchen- oder Schlossplatz heißen sollte, ist das Zentrum von K. E. Diese beiden Buchstaben sind das (in)offizielle Kürzel von Kaiserebersdorf. Wer hier pulsierendes Leben erwartet, muss den Ort wechseln. Nur die Autos der Anrainer und drei städtische Buslinien verkehren hier. Den pulsierenden Verkehr finden wir an der in Richtung Nord-Süd verlaufenden Zinnergasse, die in die Etrichstraße übergeht. Hier halten auch der 11er und der 71er.

Die im wahrsten Sinne des Wortes überragende Landmarke am Münnichplatz ist der Turm der Kirche (hl. Peter und Paul). Das frühbarocke Gotteshaus mit dem weithin sichtbaren hohen Turm, der fast ein wenig überproportional groß wirkt, lädt zum Besuch ein, die Türen sind offen. Links neben dem Eingang steht auf einem Sockel ein hl. Nepomuk. Diese Figur gehört in die Kategorie „barocke Massenware" aus Zogelsdorf bei Eggenburg, derartige Nepomuks sind fast an allen historischen Brücken zu sehen, gilt doch der Barockheilige als Bewahrer vor Hochwasser und dem Tod durch Ertrinken. Wir lassen den Nepomuk links liegen und betreten das Gotteshaus. Eine Hochwassermarke im Kirchturm, rechts neben der Doppeltüre, die ins Kirchschiff führt, schließt uns in den Bann. „Wasserhöhe vom 3. am 4. Jänner 1880." Die schmutzig weiße Marmorplatte befindet sich rund 80 Zentimeter über dem Boden: Zeugnis einer vergessenen Katastrophe in einer kalten winterlichen Nacht.

Damals hatten sich wieder einmal riesige Eisstöße an der Donau aufgetürmt. Schon Tage zuvor waren Berichte darüber omnipräsent.

Das Jahr 1880 begann in Kaiserebersdorf mit einer verheerenden Überschwemmung, deren Wasserhöhe heute beim Kircheneingang dokumentiert ist.

In besagter Nacht, es war die Nacht von Samstag auf Sonntag, hatte es Simmering und Kaiser-Ebersdorf – so die damalige Schreibweise – erwischt. Große Teile der Bevölkerung weigerten sich, ihre Häuser zu verlassen. Die Menschen, die das Ausmaß der Tragödie kaum verstanden hatten, mussten auf die Dächer ihrer Häuser flüchten.

Im nahen Wien hatte man auch am kaiserlichen Hof davon erfahren: „Der Kaiser hat auf die erste Nachricht über die in Albern und Kaiser-Ebersdorf eingetretene Ueberschwemmung für die Ueberschwemmten sofort 500 fl. aus Privatmitteln gespendet, welcher Betrag auch sogleich durch die Statthalterei den Bedrängten zugeführt wurde." (*Neue Freie Presse*, 5. Jänner 1880). Wir bleiben dran. Einen Tag später, am Dienstag, dem 6. Jänner (hl. Dreikönig), lesen wir in der *Neuen Freien Presse* unter dem Titel „Der Eisstoß" einen ausführlichen Bericht, der das wahre Ausmaß enthüllt: „Im Ebersdorfer Bahnhöfe flüchteten sich, als das Hochwasser hereinbrach, 70 Personen in die Waggons, wo sie auch die Nacht zubrachten. Erst Morgens wurden die Flüchtlinge durch die Arbeiter der Donau-Regulirungs-Bau-Unternehmung an einen sichern Zufluchtsort gebracht. Eine große Menschenmenge bewegte sich heute auf der Schwechater Straße bis zum Neugebäude und dem Central-Friedhofe, um von dort aus ein Bild von den Verheerungen der Ueberschwemmung in Kaiser-Ebersdorf, Simmering und den angrenzenden Gemeinden zu gewinnen. […] Die Straße nach Kaiser-Ebersdorf ist nur bis in die Gegend des Neugebäudes passirbar; nach Kaiser-Ebersdorf selbst zu gelangen, ist auf dieser Seite nicht möglich, wol aber auf der über Schwechat führenden höher gelegenen Straße. Die Bewohner der Gartenhäuser wurden sämmtlich im Laufe der gestrigen Nacht delogirt."

Heute scheint so eine Katastrophe undenkbar, die Donau ist längst reguliert und zudem sind die Winter – wir leben mitten im

Kaiser-Ebersdorf,
Wien XI/2.
C. Ledermann jr., Wien I, Fleischmarkt 12.
Pfarrkirche z. h. Peter u. Paul.
1198

Klimawandel – nicht mehr so kalt, dass sich derartige Eisstöße in der Donau bilden könnten.

Auch Macondo gehört zu Kaiserebersdorf. Macondo heißt der zentrale Ort des Romans *Hundert Jahre Einsamkeit* des kolumbianischen Schriftstellers Gabriel García Márquez. Und ebenso hieß ein Flüchtlingslager, eines der größten Lager in Österreich. Den ältesten Teil der Anlage bildet eine aus der k. u. k. Zeit stammende Kaserne, weiters kamen brach liegende Flächen neben der A 4 und der Donau dazu. Namensgeber der Siedlung waren Flüchtlinge aus Chile, die der Diktatur von Augusto Pinochet entflohen waren. Auch Flüchtlinge aus Ungarn und der Tschechoslowakei lebten in Macondo. In den 1990er-Jahren kamen dann Flüchtlinge aus Bosnien-Herzegowina dazu. Heute wird Macondo – der Eingang erfolgt in der Zinnergasse – von der Bundesimmobiliengesellschaft (BIG) verwaltet. Der Flüchtlingsdienst der Diakonie übermittelt dem Lager Flüchtlinge mit positivem Asylbescheid und subsidiär Schutzberechtigte.

Wir zitieren aus dem zweiten Satz des großartigen Romans von Gabriel García Márquez: „Macondo war ein Dorf von zwanzig Häusern aus Lehm und Bambus am Ufer eines Flusses mit kristallklarem Wasser." Sowohl beim Zustand der Häuser als auch dem des Stromes hat sich einiges geändert.

Damals wie heute ein Wahrzeichen im Südosten Wiens: der Kirchturm der Kaiserebersdorfer Pfarrkirche am Münnichplatz.

Simmering

Zwischen Haide und Hauptstraße

Bei einer spontanen Frage „Was fällt Ihnen zur Topografie Simmerings ein?“, werden bei den Antworten meist zwei Begriffe kommen: die Simmeringer Hauptstraße und die Simmeringer Haide. Hier soll es ja einen Schneider verweht haben. Die zwei Zeilen des Spottlieds

Auf der Simmeringer Had', hat's an Schneider verwaht,
es g'schicht ihm schon recht, warum sticht er so schlecht.

wurden zur heimlichen Hymne des 11. Bezirks. Auslöser dafür war das missglückte Attentat auf Kaiser Franz Joseph am 18. Februar 1853 durch den ungarischen Schneidergesellen János Libényi, der dafür zum Tod durch den Strang verurteilt wurde.

Doch zurück nach Simmering, dem Straßendorf, das 1028 als Symmanninngen seine erste Erwähnung fand. Den historischen Ortskern erspähen wir rund um die St. Laurenz Kirche, die Altsimmeringer Pfarrkirche. Sie steht dort, wo die Kaiser-Ebersdorfer-Straße von der Simmeringer Hauptstraße abzweigt. Ein interessantes Detail: Die Kirche steht erhaben auf einer Anhöhe und war somit vor Überschwemmungen geschützt, die zuweilen in der Niederung

Die vier Simmeringer Gasometer und die Schlote der Simmeringer Elektrizitätswerke prägten die Skyline im Osten des Ortes am Rand der Simmeringer Haide.

der Simmeringer Haide auftraten. Eine Hochwassermarke wie in der Kirche von Kaiserebersdorf wird man vergeblich suchen.

Über Jahrhunderte war diese weite Ebene bis zur Donau hin kaum besiedelt, doch ein Blick in die Geschichtsbücher führt uns nicht nur das oben genannte Spottlied vor Augen, sondern enthüllt vieles, was heute nur wenigen bekannt sein dürfte. Das wollen wir ändern: Lassen Sie sich entführen in die Vergangenheit der Simmeringer Haide! Der Blick in alte Zeitungen enttarnt die damals unbebaute Simmeringer Haide als Spielweise für die vielfältigsten Aktivitäten.

Zuerst wurde scharf geschossen, wobei hier nicht die Rede von kriegerischen Heerscharen ist. Nein, man übte und trainierte im ausgehen-

An die Schießübungen des Militärs im frühen 19. Jahrhundert in den Niederungen Simmerings erinnert heute noch die Ravelinstraße.

den 18. Jahrhundert hier das militärische Schießen. Das können wir am Namen der Ravelinstraße festmachen. Ravelins sind als Vorwerk Teile von Befestigungsanlagen, in unserem Fall des heute nicht mehr existierenden Linienwalls. Sie sind meist dreieckig im Grundriss. Kaiser Joseph II. ließ den Ravelin für militärische Manöver errichten. Dass hier tatsächlich geschossen wurde und Ihre Majestäten ihre Freude daran hatten, können wir mit einem Bericht aus dem Dezember 1781 belegen. „Am 10ten begaben sich die höchsten und hohen Herrschaften nach Simmering, um das von dem K. K. Artillerie-Corps daselbst zu machende große Manoeuvre anzusehen, welches zur Zufriedenheit der höchsten und hohen Zuschauer und zum Ruhm des Kaiserl. König. Militärs vollzogen ward.“ (*Reichspostreuter*, 22. Dezember 1781)

Die militärischen Schießübungen auf der Simmeringer Haide waren über Jahrzehnte ein Spektakel, bei dem sich höchste und allerhöchste Herrschaften ein Stelldichein gaben. Drehen wir das Rad der Zeit zurück ins Jahr 1828. Am 2. Oktober lud der Kaiser, damals war Kaiser Franz II. (I.) an der Macht, deutsche Gäste nach Simmering ein. Prinz Wilhelm und August von Preußen waren gekommen, um den „Uebungen der k. k. Artillerie auf dem Artillerie-Uebungsplatze bey Simmering“ persönlich vor Ort zu folgen. Man kam, gab Befehle zum Schießen, begutachtete die Wirkung, fachsimpelte und war höchst zufrieden. Um die originalen Worte von 1828 zu verwenden, zitieren wir aus der *Wiener Zeitung* vom 9. Oktober 1828: „Nach Beendigung des Bataillefeuers, begaben Sich die Allerhöchsten und höchsten Herrschaften zur Planke, welche beschossen wurde, um auch hier die Wirkung des Geschützes in Augenschein zu nehmen.“ Um es kurz zu machen: Der Kaiser zeigte „hohe Zufriedenheit“, die Gäste hatten ihre Freude und gaben „ihren anerkennden Beyfall.“ Jedenfalls war das Manöver zur Freude aller ein voller Erfolg. Freilich, es sollte nicht das letzte gewesen sein. Die Simmeringer Haide war noch lange Ort militärischer Schießübungen. Am 31. Oktober 1894 wurde indes eine beabsichtigte Erweiterung des Artillerie-Exerzierplatzes vom Stadtrat abgelehnt. Hatte man beim Manöver stets das Ziel im Auge, stellte die am Exerzierplatz gelagerte Munition eine Gefahr dar. Der Rückblick auf das Jahr 1862 nennt die großen Bedrohungen Wiens: „... der Ausbruch der Rinderpest, welche den Viehstand bedroht; der Hundswuth, welche Schrecken und Angst in allen Kreisen der Bevölkerung verbreitet; die Explosion der Artillerie-Hütte Nr. 9 nächst Simmering, welche die Sicherheit der Stadt zu gefährden schien; das Feuer im Mölkerhof, das ungewöhnliche Dimensionen zu nehmen begann." (*Morgen-Post*, 1. Jänner 1863).

Bleiben wir bei jenen Dingen, die damals in Adelskreisen großes Interesse und lebhafte Begeisterung hervorriefen: beim Pferdesport. Bei der Recherche mit dem Stichwort „Simmering" stoßen wir in den Sammlungen des Wien Museums auf die Inventarnummer 111074, ein schmuckes Ölbildchen mit goldenem Rahmen, betitelt als *Wettrennen auf der Simmeringer Heide am 30. März 1826*. Zu sehen sind zwei Reiter, die im gestreckten Galopp ihre Pferde zum Sieg treiben. Eine hohe Fahnenstange im Vordergrund interpretieren wir als Zielflagge. Im Hintergrund: die Türme zweier Kirchen. Am Horizont: flache Hügel. Wir wollen weder über mögliche Namen der Kirchen, noch über die weit entfernten Hügel rätseln. Wir widmen uns den Pferderennen, die wir hier nicht vermutet hätten und suchen nun im online verfügbaren „Czeike", ein gängiges Synonym für jenes Werk (*Historisches Lexikon Wien*), wo so gut wie wirklich alles drinsteht. Wie erwartet, weiß auch hier der „Czeike" eine Antwort: Das erste Rennen fand am 17. April 1816 auf der Simmeringer Haide statt. In *Bäuerles Theaterzeitung* vom 9. Mai 1836, zehn Jahre nachdem Herr Müller dieses Kleinformat malte, finden wir einen ausführlichen Bericht über das *Simmeringer Rennen am*

Heute weitgehend vergessen: die Galopprennen auf der Simmeringer Haide, die in der Biedermeierzeit hier ausgetragen wurden.

30. April und 3. Mai. Und schon sind wir mitten im Geschehen, weit draußen vor den Toren Wiens. Obwohl die Witterungsverhältnisse nicht die besten waren und weniger „Publikum" kam, erfreuten sich die „Sportfreunde und Schaulustigen" über die „Fortschritte der inländischen Pferdezucht". Wir begegnen dem Who is Who alter Adelsfamilien. Batthyány, Széchenyi, Festetics, Trauttmansdorff und Esterházy sind auch heute wohl vertraute Namen. Die Aristokraten ließen die Stuten Tamajandry, Privateer, Thamar, Election, Miß Sade und Manfredina laufen. Mit dabei waren die Hengste Lionel, Figaro und Child Harold. An Preisen waren neben Geld, „30 Ducaten", auch Sachpreise, darunter ein silberner Armleuchter, zu gewinnen.

Aber in Simmering liefen nicht nur die Pferde um die Wette, hier war man auch bei Novitäten an vorderster Stelle dabei: Wir wenden uns im frühen 20. Jahrhundert der Aviatik zu und genießen eine Premiere erste Reihe fußfrei. Wieder ist es ein Straßenname, die Bleriotgasse, der als einzige Erinnerung blieb. Zum Auffrischen des Allgemeinwissens – vielleicht sitzen Sie ja einmal in der Millionenshow Armin Assinger gegenüber – eine Frage, die es zu beantworten gilt. Wenn er Sie fragt: „Blériot ist ein ...?“, und Sie zur Auswahl haben: A) Faustfeuerwaffe, B) Regenschutz, C) Vorspeise oder D) Französischer Flugpionier, dann tippen Sie auf D! Assinger wird dann sagen: „Louis Charles Joseph Blériot (1872–1936) war jener französische Flieger, der am 25. Juli 1909 als erster den Ärmelkanal mit einem Flugzeug überquert hat.“ Wir sagen Ihnen: Drei Monate später war er in Wien. Damit sind wir auf der Simmeringer Haide.

Am Samstag, den 23. Oktober 1909, war es soweit. Der große Moment, der Flug Blériots über die Simmeringer Haide, war für Nachmittag anberaumt. Auch seine Majestät, der Kaiser, hatte sein Kommen zugesagt. Am Vormittag, während noch Hand an den Tribünen angelegt wurde, sollte es einen Übungsflug geben. Diese Gelegenheit zum Zuschauen ließen sich viele nicht entgehen.

Wir nehmen *Die Neue Zeitung* vom Sonntag zur Hand, um die wichtigsten Details live zu erfahren. „Um 2 Uhr nachmittags waren die Tribünen gesteckt voll, geschätzte 160.000 Menschen waren nach Simmering gekommen.“ Kurz vor vier Uhr war es soweit. „Mit einem Satz schwingt sich Bleriot auf den Führersitz.“ Der Motor ward knatternd angeworfen, das Gerät schwang sich – wie am Vormittag erfolgreich geprobt – elegant in die Lüfte. „Des Publikums hat sich tiefgehende Erregung bemächtigt. Man sieht, wie die Leute mit Tränen in den Augen den märchenhaften Flug beobachten.“ Blériot wusste, wie er sein Publikum begeistern konnte. Er stieg auf, beschrieb Schlangenlinien, zog knapp über den Köpfen hinweg, flog elegante Kurven und senkte sich erst zu Boden, nachdem er neunmal das Flugfeld umkreist hatte, um dann glatt zu landen. Keine zehn Minuten nach der Landung stieg Blériot in seinem Monoplan (= Eindecker) erneut auf.

Wieder donnernder Beifall, ein begeisterter Kaiser und ein souveräner Blériot. So etwas hatte man in Simmering weder vorher noch nachher je gesehen. Blériot hatte im wahrsten Sinne des Wortes den Überblick. Und er schätzte, „daß mehr als 300.000 Menschen dem Aufflug zusahen." Auch wenn er sich leicht ver- oder überschätzt hatte, 200.000 werden es wohl gewesen sein, und das ist ein Rekord. 3500 Wagen und Automobile fuhren dann auf der Simmeringer Hauptstraße Richtung Zentrum. Dass es da zu Staus kam, wundert uns nicht.

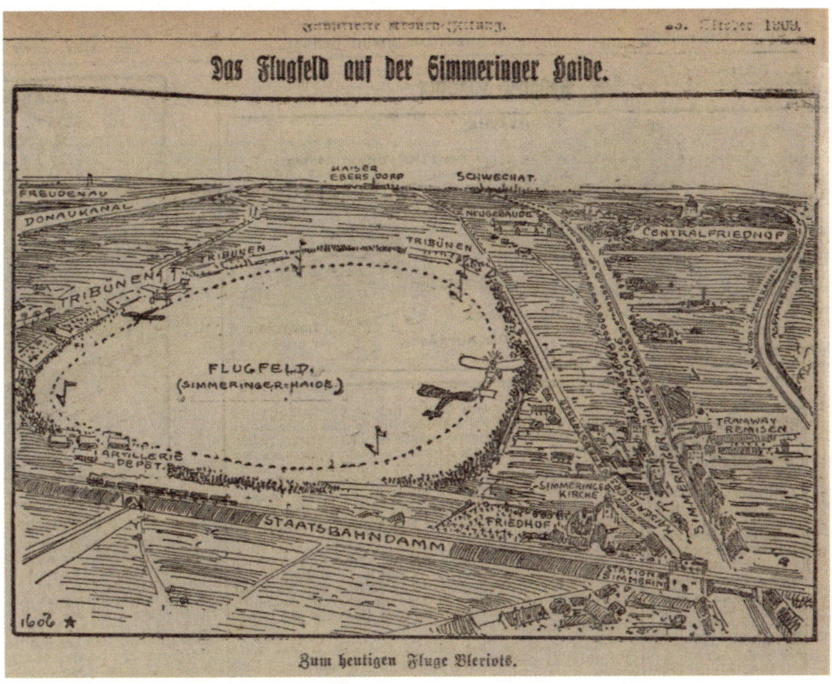

Als am 23. Oktober 1909 Louis Blériot über die Simmeringer Haide flog, kamen über hunderttausend Besucher, darunter auch Seine Majestät, Kaiser Franz Joseph.

Ober- und Unterlaa

Frischer Wein, warmes Wasser und dazu Gas

Unterhalb des Laaer Berges fließt die Liesing aus dem Wienerwald zu ihrer Mündung in die Schwechat. Hier, in diesem von sanft ansteigenden Hängen gebildetem Tal, entstand Oberlaa.

Kommt die Liesing vom slawischen Wort *lesnica*, was so viel wie „Waldbach" bedeutet, so kommt der Name der Laa aus dem Germanischen. Das mittelhochdeutsche *lâ* für Sumpf oder Lacke ist ein klarer Hinweis auf die historischen Hochwässer der Liesing, die weiland gefürchtet waren wie die sprichwörtliche Sintflut.

Die Älteren werden mit Helmut Qualtinger den Bundesbahn-Blues singen: „Is she in Oberlaa, in Unterlaa, in Erlaa or in Laa an der Thaya, dann schrei i Feia!" Wenn wir diesen Worten aus der Feder von Gerhard Bronner folgen, können wir von keinem Feuer berichten. Dafür aber von der Bundesbahn! Nördlich von Ober- und Unterlaa gibt es tatsächlich eine Trasse: Die Donauländebahn. Im Gradkartenblatt Nr. 13 von Niederösterreich aus dem Jahr 1872 sind bereits zwei Wirtshäuser an der Bahntrasse eingezeichnet. Aber keine Bahnhöfe! Eh klar, könnte man sagen, schließlich muss man in seinem Leben Prioritäten setzen. Heute gibt es aber einen Bahnhof: Die Endstation der U1. Aber davon später.

Malerischer, im wahrsten Sinn des Wortes, kann man die barocke Pfarrkirche (hl. Ägydius) von Oberlaa, die Mathias Gerl von 1744 bis 1746 erbaute, kaum darstellen.

Der Ort Oberlaa & Unterlaa – wir wollen das obere und das untere Laa zu einem gemeinsamen Laaer Gebinde typografisch zusammenfassen – entstand eigentlich nicht längs der Liesing. Wie schon erwähnt, mied man den Fluss wegen der in bestimmten Abständen auftauchenden Hochwasser. Nein. Oberlaa & Unterlaa ist ein Straßendorf mit angerartiger Verbauung sowie mit Dreiseit- und Zwerchhöfen, die angerartige Erweiterung liegt bei der Pfarrkirche Sankt Aegyd. Heute heißt die Erschließungsachse Oberlaaer Straße, und weiter östlich, also flussabwärts, wird aus ihr die Unterlaaer Straße. Ergänzt wird das Zeilendorf durch eine dritte Zeile südlich des Flusses Liesing, die heute Liesingbachstraße heißt. Und bei der Liesing – eine vielleicht willkürliche Anmerkung der Autoren – stoßen wir auf ein oft auftauchendes Phänomen: Ort und Fluss tragen den gleichen Namen. Liesing. Oder Mauerbach. Oder letztendlich gar Wien.

Zurück in unser Laa. Ringsherum stoßen wir auf das Obere Feld, auf das Mittlere Feld, auf das Untere Feld, auf die Mittlere Scheibe und auf die Untere Scheibe. Die Weinbaugebiete haben klingendere und verheißendere Namen, sie heißen Johannespointen, Goldberg und Weichselthal. Apropos Wein: Die Bauern führten gemischte Wirtschaften, sie betrieben Wein- sowie Gemüseanbau und sie kümmerten sich um die Viehwirtschaft. Von den Weinbauern sind bis heute zwei geblieben: der Frauneder und der Wieselthaler. Früher besaß die Erzdiözese Wien hier ein paar Weingärten, die sie zur Erzeugung des Messweines verwendeten. Wenn es wiederum um Weinbergschnecken geht, sind wir bei Andreas Gugumuck und seiner Manufaktur richtig. Der hat wegen seines Aussehens mit Backenbart schon in einem Film – nein, keine Weinbergschnecke, sondern den Kaiser – gespielt.

Jetzt aber schnell zur nächsten Zeile. Auf der für eine Wanderung zu empfehlenden Liesingbachstraße reihen sich Winzer an Winzer, der Windisch, der Bruckner, der Manhardt und der Pinther. Dem Durstenden ist normalerweise ein Platzerl sicher.

Dass wir nicht auf die Geschichte vergessen: Bis 1938 waren Oberlaa und Unterlaa eigenständige Dörfer. Erst nach der Annexion durch die Nazis am 1. Oktober 1938 wurden sie an Wien angeschlossen und zählten damals zum 23. Gemeindebezirk, zu Schwechat.

Doch noch ehe die braune Ära der Nazis kam, brach hier 1932 eine neue Epoche an, das Oberlaaer Erdgas-Zeitalter. Ziemlich zeitgleich bohrte man übrigens in Zistersdorf im nördlichen Weinviertel nach Erdöl. In Oberlaa teufte man – bitte entschuldigen Sie den geologischen Fachausdruck – ab 1932 insgesamt neun Bohrungen ab. Sie brachten wirtschaftlich rentable Mengen Erdgas: Nicht weniger als 15,1 Millionen Kubikmeter strömten aus den Oberlaaer Bohrlöchern. Heute weiß kaum noch jemand etwas von den damaligen großen Hoffnungen.

Am 16. Oktober 1932 titelte *Der Kuckuck* mit folgender Schlagzeile, die uns irritiert: „Hoffnungsgrüne Fahrt ins Graue Erdgas bei Wien“. Zur Erklärung: Damals träumte man von einem Erdölsegen, wie man ihn aus den USA, aus Pennsylvania, kannte. „Die Städte Pittsburg, Harrisburg, Altona, Johnstown – das ist alles erst mit den Bohrtürmen richtig emporgewachsen. Aber es ist grau gewachsen, ohne Licht, mit rauchenden Schloten und schwarzen Bohrtürmen, mit einem Himmel, der nicht blau ist und hoch, wie über einer anderen Landschaft, sondern düster und von trüben Wolken verhangen. Dennoch muß man hoffen, daß es in Oberlaa bald auch so aussehen wird, denn das würde für viele hunderte, wenn nicht gar tausende Menschen Brot bedeuten.“ So unverständlich 90 Jahre später diese Worte klingen mögen, aus damaliger Sicht waren sie nachvollziehbar: Heerscharen von Arbeitslosen hungerten und wussten nicht, wie sie ihre Familien durchbringen sollten. Da hätte man gerne einen ganzen Wald von Bohrtürmen in Kauf genommen, um die Not zu lindern.

7 Groschen

Illustrierte Kronen Zeitung

40 Heller

Nr. 11.947.

Die Hexe von der Kristankeusche. Giftmischerin und Kindesmörderin?

Der Gassegen von Oberlaa.

Im Jahr 1932 brach hier das Erdgaszeitalter an, insgesamt wurden damals mehr als 15 Millionen Kubikmeter Erdgas gefördert.

Nach dem Zweiten Weltkrieg wurden die beiden Laas jedoch nicht ausgemeindet, sie fungierten nunmehr als Teil des 10. Bezirkes und gehörten zu Favoriten. Ausgerechnet zum Bezirk Favoriten, der eigentlich durch Fabriken, Zinskasernen und die Dominanz der Arbeiterklasse prädestiniert war.

An den ländlichen Strukturen in Oberlaa und Unterlaa änderte sich erst nicht viel. Doch heute ist die Hauptachse des Ortes, die Oberlaaer Straße, zu einer veritablen Verkehrsenge geworden. Wird sie den sich verstärkenden Autoverkehr aufnehmen können?.

Wir folgen der Liesing flussabwärts, bis wir zum Brückenwirt von Unterlaa gelangen. Und welches Denkmal wird auf der Brücke gesichtet? – Eh klar. Es steht bei uns auf jeder Bruck, wie jeder weiß: der Nepomuk.

Die Johanneskirche in Unterlaa mit ihrem massiven Turm einer Wehrkirche gehört zu den ältesten Kirchen Wiens.

Vom Brückenwirt geht es weiter flussabwärts, bis wir zur Johanneskirche kommen: der ältesten Kirche im heutigen Wiener Stadtgebiet. Höchstwahrscheinlich wurde sie zu römischen Zeiten als Tempel errichtet, römische Siedlungsreste sind tatsächlich belegt. Vielleicht erspähen Sie ein paar römische Schutzgeister, die zwischen den Hecken herumhuschen. Später erfolgte der Umbau zu einer katholischen Kirche. Diese wurde im Jahre 1271 vom Johanniterorden übernommen – deswegen auch der Name Johanneskirche. Mit dem Bus 70A können wir einerseits bis zur Haltestelle mit dem erstaunlichen Namen „Unterlaa Stadtgrenze“ fahren, andererseits zur U-Bahn nach Oberlaa. Hier wollen wir Sie in die Therme Wien entführen. Dass an dieser Stelle warmes Wasser aus dem Boden sprudelt, ist den geologischen Erkenntnissen der Erdgasbohrungen der 1930er-Jahre zu verdanken. Nach dem Erdgas-Zeitalter ist im Süden Wiens das Thermalzeitalter angebrochen.

Rothneusiedl

Und wo ist hier das Stadion?

Eine gerade Route führt uns ins Herz von Rothneusiedl, und dazu benutzen wir die Durchzugsstraße. Bis zum Bahnübergang heißt sie Favoritenstraße, dahinter Himberger Straße. Diese Durchzugsstraße wird von vielen Autofahrern als Schleichweg anstatt der verstopften Inzersdorfer Einfahrt gewählt. Der stetige Autoverkehr konnte nicht ohne Veränderungen am Ortsbild auskommen. Zerstört wurden die kleinen apokryphen Läden, wie die Bäckereien und ein Lederhosengeschäft. Von der Zerstörung verschont blieben Autohändler, Gebrauchtwagenhändler und Autozubehörlieferanten. Gelegentlich stößt die Sprache zum Witz durch und formt Erkenntnis. „An der Hölle" hat ein Baumarkt sein voluminöses Megaeinkaufszentrum eröffnet. Ein kurzes Stückl davor ist das Gegenteil passiert, die Sprache hat sich von der Erkenntnis verabschiedet und blieb als Dekor, als nichtssagendes Ornament über: Ein Outlet-Center – wie immer taucht es in anonymen Durchzugsstraßen auf – wirbt mit einem schreienden „exxtrem reduziert", und es stellt sich die Frage, auf welche Reduktion das verdoppelte X wohl verweisen soll.

Erfolgt der Verwertungsdruck der City, dann sind die Menschen in den peripheren Gegenden ihm mehr oder weniger ausgeliefert und können nichts Bewahrendes mehr entgegensetzen. Das Leben am Stadtrand hat sich in die Seitengassen von Rothneusiedl zurückgezogen. Hinter hohen Thujenhecken ruhen Einfamilienhäuser. Der Sicht preisgegeben sind höchstens die großen Schüsseln auf dem Dach und die Gitter oder die zugezogenen Vorhänge vor den Fenstern. Irgendetwas Persönliches – etwa Namensschilder oder „Es lebe Rapid!"-Kleckser – sucht man vergebens. Hier erstarrt das Kleinbürgertum in wohlfeiler Anonymität, um darin behaglich und selbstzufrieden für immer zu verschwinden. Zu sehen sind jedoch mehrere affichierte Zettel: „Beiges Frettchen entlaufen!!!! Falls es sehen sollten, melden sie sich BITTE unter xy!"

Zurück nach Rothneusiedl. Freilich sind noch die Konturen eines Ortskerns erkennbar. Unterhalb der Liesingbrücke – oberhalb der Brücke wacht an versteckter Stelle wieder der Brückenpatron Nepomuk – weiter südlich gibt's ein Platzerl mit Kirche, Wirtshaus und Bankerl. Die Kirche ist dem Franz von Assisi geweiht, sie wurde im Jahr 1955 unter Doktor Karl Vondrak errichtet. Ein Buch kann man erwerben mit dem Titel „50 Jahre Rothneusiedler Gotteshaus". Messen werden allerdings kaum mehr gelesen.

Auf der anderen Straßenseite steht der schönbrunnergelbe „Rothneusiedlerhof". Das Wirtshaus ist etwa dreißig Meter lang und hat einen mittelgroßen Schanigarten. „Herzlich willkommen im Rothneusiedlerhof" steht über der Eingangstür. Vielleicht sind die fehlenden Parkplätze daran schuld, dass das Lokal für immer geschlossen hat. Aus den Kasterln sind längst die Speisekarten entfernt worden, die mächtigen Linden im Schanigarten werfen vergeblich ihre Schatten auf die Wirtshaustische, und die Stiegl-Laternen leuchten keinem Stammgast mehr heim.

Der Unsinn lebt zwei Häuser weiter stadteinwärts. „Friedrich Unsinn, Hochzeits-, Betriebs-, Geburtstagsfeiern". Kein Wunder, hat erstens der Unsinn noch eine Spur für Parkplätze, und bietet er zweitens an: „Jeder Tag ist Wienertag" – allerdings nur bis 15 Uhr, dann hat das Wiener Schnitzel ausgewienert und der hungrige Gast muss sich am End' mit einer Essigwurst begnügen.

Ein wenig seitlich erstrecken sich unzählige Schrebergärten, die Kolonie trägt den Namen „Aus eigener Kraft". Wir schlendern auf der Liesingbachstraße durch die Gärten der Siedlung und stehen bald vor weitflurigen Feldern. Getreide wird angebaut, Raps und Mohn. Eine Schnecke kriecht über den Weg, Hasen hoppeln über die Felder, und sicher werden irgendwo die Igel ihre Schnauzen in die noch vorhandenen Tümpel stecken. Wir schützen unsere Augen mit der flachen Hand vor der Sonne und blicken gegen Süden. Das Ende der Felder ist nicht absehbar.

So nebenbei erwähnt taucht der Name Rothneusiedl erstmals im Jahre 1301 als Newensiedel auf, eine rote Präambel deutet auf eine später vorgenommene Rodung hin. Im Gegensatz zum östlichen Oberlaa wurde in Rothneusiedl kein Wein angebaut, konträr zum westlichen Inzersdorf entwickelte sich auch kein Industriegebiet. Bei der Volkszählung im Jahr 1910 votierten mehr als 40 Prozent der

Die Kunstanstalt Karl Schwidernoch aus Wien verstand es, durch wundervoll kolorierte Karten kleine Orte wie Rothneusiedl in ihrer Wahrnehmung aufzuwerten.

Einwohner Rothneusiedls für Tschechisch als Umgangssprache. Da so manche der Tschechen damals aufgrund des Germanisierungsdrucks für Deutsch stimmten, kann man getrost davon ausgehen, dass Rothneusiedl vor 100 Jahren von einer tschechischen Mehrheit besiedelt wurde. Und was ist seitdem passiert?

Im Jahr 1938 ist der bisher zu Niederösterreich gehörende Ort nach Groß-Wien eingemeindet worden. Bis 2011 hat der Durchzugsverkehr den Ortskern ein bisschen verödet. Dafür wollte Frank Stronach 2006 hier eine 60.000 Quadratmeter große Shoppingmall und die Wiener Austria ein Stadion für 30.000 Besucher sowie Parkplätze für x-tausend Autos errichten. Aus irgendwelchen vermaledeiten Gründen scheiterte dieser Plan. Und jetzt, wieder einige Jahre später, stehen wir vor dem „Unsinn" und werden sinnigerweise ein Wiener bestellen.

Inzersdorf

Ziegel und Konserven

Seitlich begrenzt von der Trasse der Pottendorfer Linie und der Trasse der Badnerbahn, nördlich begrenzt von der Donauländebahn, erstreckten sich zwischen den Bahnlinien im späten neunzehnten Jahrhundert die Häuserzeilen von Ost nach West: Längs der heutigen Draschestraße. Wobei wir sehen werden: Drasche und Inzersdorf, das ist wie Škoda und Pilsen. Oder wie Eulen und Athen. Dazu gesellten sich die in geschlossener Folge liegenden Ziegelwerke, die von der Donauländebahn vom besiedelten Ort Inzersdorf abgetrennt wurden. Mit ihren Abbaugruben, Teichen, Fabriken, aber auch mit den ersten Tonwarenmanufakturen reichten sie beinahe bis zur Spinnerin am Kreuz am Wienerberg. Auch die geschundenen Ziegelarbeiter, die bei den Ringöfen auf den Südhängen des Wienerberges hausten, zählten zu den Bewohnern von Inzersdorf. Die Inzersdorfer Straße im heutigen Bezirk Favoriten, die schnurstracks von der Triester Straße bis zur Favoritenstraße führt, markiert grosso modo den nördlichen Rand des damaligen Ortes Inzersdorf.

Heute wird das verkümmerte Rest-Inzersdorf durch ein System von überbordenden Stadtautobahnen und Schnellstraßen erdrückt: Einerseits der Südautobahn, und andererseits der A 23, der Südosttangente. Auf Stelzen und Dämmen errichtet, haben sie das einst weitläufige Dorf zwar eingesperrt, aber in dieser eingesperrten Atmosphäre Teile des dörflichen Charakters quasi in einem Käfig konserviert.

Wir wollen erst eine Geschichte aus der Ära der Eisenbahnen erzählen. Die Pottendorfer Linie verfügte gleich über zwei Bahnhöfe in unserem Dorf: Inzersdorf Ort und Inzersdorf Metzgerwerke. Die weiteren Stationen der Pottendorfer Linie bilden eine lyrische Transportation: Hennersdorf, Münchendorf, Ebreichsdorf, Weigelsdorf, Wampersdorf. Bitte nachsprechen: Der Bundesbahnblues wird im Hexameter aufgelöst.

Zurück zu der wenig appetitanregenden Station Metzgerwerke. Sie ließ die nach einem Fleischhacker suchenden Wiener rat- und wurstlos zurück. Aber schmeck's! Die Station verwies auf den Autometzker, der zur allgemeinen Überraschung das weiche G des Metzgers zu einem K verhärtet hatte, und der heute laut Eigenwerbung

„die 1. Adresse für gute Gebrauchtteile aller Automarken und -typen, sowie für Neuteile im Nachbau" ist. Der Autometzker befindet sich heute auf dem Gelände der SCS, Firmengründer Josef Metzker senior begann mit Räumlichkeiten – ehemalige Pferdestallungen – an der Triester Straße. Die eher verwaiste und heute kaum noch benutzte Station der Pottendorfer Linie trägt nicht mehr den Metzger- oder Metzkernamen, sie mutierte zu einem formidablen „Blumental" und schafft so mit den Blumen im Tal – warum dachte niemand an die Bezeichnung Salatberg? – Bezüge zum Obst- und Gemüsegroßmarkt, der ebenfalls in Inzersdorf ansässig ist.

Der zweite oben erwähnte Bahnhof Inzersdorf Ort ist längst Geschichte. Dafür kann man, sollte man mit der Badnerbahn fahren, die Station „Inzersdorf Lokalbahn" benutzen. Die frühere Bezeichnung lautet „Inzersdorf Personenbahnhof".

Trotz dieser optischen und akustischen Bedrängtheit durch die Schnellstraßen, die besonders die Pfarrkirche St. Nikolaus einschnüren, wollen wir auf zwei Phänomene hinweisen, die heute noch zu Inzersdorf gehören wie das Meidlinger L zu Meidling. Einmal wäre da unser oben bereits erwähnter Heinrich Drasche, also jener, dem die Hauptstraße des Ortes gewidmet ist. Am 19. April 1811 geboren in Brünn, übersiedelte er auf Geheiß seines Onkels Alois Miesbach nach Wien und erbte vom Onkel die Ziegelwerke an den Südhängen des Wienerberges und des Laaer Berges. Zur Befeuerung seiner Ziegeleien stieg er vom Brennmaterial Holz auf Kohle um und kaufte reihum Kohlebergwerke. Insgesamt gehörten ihm im Bereich der damaligen Monarchie 15 Kohlebergwerke.

Die ab 1857 einsetzende Stadterweiterung und die dafür benötigten Baumaterialien, also unsere Inzersdorfer Ziegel, machten HD – die beiden Buchstaben wurden in die Ziegelsteine eingebrannt – oder Heinrich Drasche zu einem der reichsten Männer der Haupt-

Manches hat sich an den Bahnhöfen in Inzersdorf geändert, doch die Verbindung von Wien nach Baden in Niederösterreich, die beliebte Badner Bahn, ist geblieben.

und Residenzstadt. Abgesehen vom Heinrichshof, der von Theophil Hansen gegenüber der damaligen Hofoper errichtet wurde und der zumeist um das s verkürzt als Heinrichhof bezeichnet ward, kaufte er in Inzersdorf ein Wasserschloss aus dem 17. Jahrhundert in der Nähe der Triester Straße sowie ein stinknormales anno 1765 errichtetes Schloss an der damaligen Verbindungstraße nach Schwechat. Von beiden Drasche-Schlössern ist ebenso wie vom Heinrichhof an der Ringstraße nichts mehr erhalten. Große Teile der Inzersdorfer Schlösser wurden im Zweiten Weltkrieg zerstört, der Rest wurde beim Bau der Autobahnen vernichtet. Übriggeblieben ist der heutige Draschepark, der von der Ausdehnung her in etwa dem ehemaligen Landschaftsgarten entspricht. Die Lage der Alleen und das Wegekonzept wurden im Draschepark nicht geändert. Den Lärm der über die Parkanlagen sausenden Autos hätte unser Herr Drasche kaum ästimiert. Der Draschepark wird außer von Hundehaltern und unzähmbaren Joggern kaum genutzt. Dafür lesen wir auf einer Tafel am Rande des Parkes: „Benannt nach dem Ehrenbürger der ehemaligen Gemeinde Unter-Meidling Heinrich Ritter von Drasche“.

Unser Heinrich Drasche starb am 24. Juli 1880 während der Sommerfrische in Reichenau an der Rax und ist in der Draschegruft im westlichsten Teil des Inzersdorfer Friedhofes bestattet. Die Draschegruft gibt es im Gegensatz zu seinen Schlössern und Palästen noch immer, sie ist aber nicht zugänglich.

Über die soziale Situation der Ziegelarbeiter, die in der Wienerberger Ziegelfabrik und Baugesellschaft beschäftigt waren, ist hinlänglich berichtet worden. Allerdings schrieb Victor Adler, der als Armenarzt die Ziegelarbeiter behandelte, über deren Ausbeutung und das ihnen aufgezwungene Trucksystem im Dezember 1888 in der Zeitschrift *Die Gleichheit.* Das war acht Jahre nach dem Tode unseres Heinrich Drasche, der sich als Kapitalist mit sozialem Gewissen um einen Pensionsfond sowie Arbeiterkassen für seine Arbeiter gekümmert hatte.

Neben den Ziegeln fallen bei der Erwähnung des Ortes Inzersdorf fast jedem die Konserven ein. Wir denken mit einem leichten Schmunzeln an Gulaschsuppe, Rindsgulasch, Bohnengulasch, Leberaufstrich, Bohnen mit Speck. Die Liste ist auf selbigem Niveau erweiterbar.

Begonnen hatte alles 1873, als ein Feinkostspezialist namens Ignaz Eisler sowie ein Champignonzüchter namens Aldemar van Breden im Meierhof seitlich der Pfarrkirche von Inzersdorf die Erste Österreichische Militärkonservenfabrik gründeten. Schon aus dem Firmennamen können wir ableiten, wer die Hauptabnehmer der unzähligen Dosen werden sollten. Das Geschäft lief hervorragend, haltbare Lebensmittel für Haushalt, Firmen und Militär sollten lange Zeit die Vorratshaltung bestimmen. Die nach dem Gründerduo benannte Fabrik Eisler & Comp. war so erfolgreich, dass sie verkauft wurde und für kurze Zeit sogar der Anglobank Ltd. London-Wien gehörte.

Im Jahre 1939 übernahmen die Geschwister Else Pecher und Hermann Voith die Konservenfabrik. Sie profitierten im Laufe des Zweiten Weltkriegs wieder von ihrer Ausrichtung auf die militärische Versorgung. Nach dem Krieg blieb die Fabrik im Familienbesitz und strich nicht zuletzt durch die in den Sechzigerjahren einsetzende Reise- und Campingwelle mit ihren Suppenextrakten und ihrem Bohnengulasch stattliche Gewinne ein.

Doch dann war die Ära des Dosenwunders abgelaufen. Die Inzersdorfer Nahrungsmittelwerke Ges. m. b. H. produzierten am 27. November 2003 in Inzersdorf ihre allerletzte Dose. Niemand weiß, wer diese erwarb und was mit ihr passierte. Aber klar ist, wie es mit der Konservenfirma weiterging. Die bis 2003 noch im Familienbesitz Voith-Becher befindliche Fabrik wurde an die Markenartikelfirma Maresi verkauft, der Standort in Inzersdorf wurde aufgegeben, die Produkte mit dem traditionsreichen Namen Inzersdorfer werden nun an anderen Orten produziert.

Wir wollen aber nicht mit unerquicklichen Botschaften das Kapitel beenden. Die ehemalige Konservenfabrik wurde von der Gemeinde Wien gekauft. Da große Teile unter Denkmalschutz stehen, konnte die Außenfront erhalten bleiben. Dahinter entstanden großzügige Wohnanlagen. „Inzersdorfer Nahrungsmittelwerke, ehem. k.k. Ausschl. Privilegiert“ steht noch immer auf einer Tafel über dem Eingang. Die ausschließliche Privilegierung dürfte sich aber nicht auf die Bewohner beziehen.

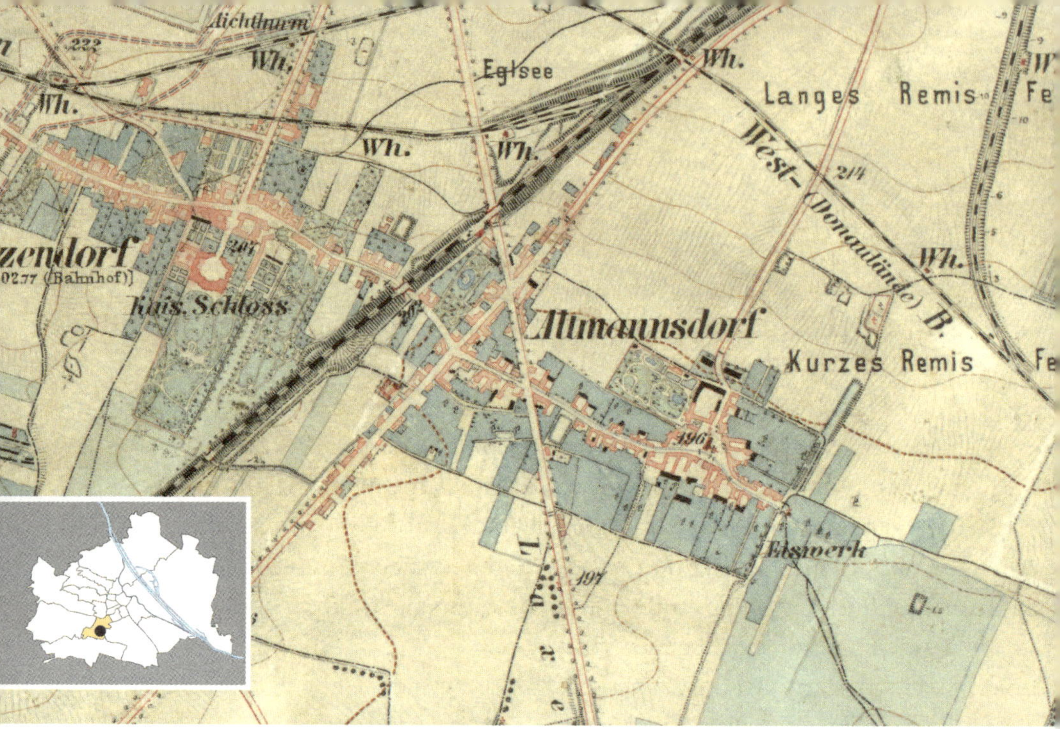

Altmannsdorf

Rund um den Khleslplatz

Altmannsdorf erreicht man über die Altmannsdorfer Straße: Hiermit stoßen wir auf die zweite imperiale Achse in Wien. Die erste führte vom Schloss Schönbrunn zum Schloss Hetzendorf, wohingegen man über unsere Altmannsdorfer Straße vom Schönbrunner Schloss aus direkt Schloss Laxenburg erreichen konnte. Deshalb der alte Name Laxenburger Allee, den wir aber wegen Verwechslungsgefahren mit heutigen Verkehrsflächen nicht mehr verwenden. Imperiale Verbindungen müssen erstens linear sein, also von Kurven befreit, und zweitens von Bäumen gesäumt. Was mit allfälligen hundsgemeinen Pferdefuhrwerken passierte, die sich auf solch einer Prachtstraße herumtrieben, das entzieht sich unserer Kenntnis.

Die damalige Schnellverbindung führte natürlich nicht in den historischen Ort Altmannsdorf. Dafür musste man in die Hetzendorfer Straße einbiegen, aber nicht den Kurs auf Hetzendorf, sondern jenen gen Osten, nach Altmannsdorf nehmen. Früher hieß die Hetzendorfer Straße kurz und bündig Hauptstraße. In fünf Minuten sind wir im historischen Zentrum von Altmannsdorf, am Khleslplatz.

Die Anfänge von Altmannsdorf, hier eine Ansicht aus der Jahrhundertwende (19./20. Jahrhundert), gehen auf das 12. Jahrhundert zurück.

Eine Userin schrieb in der Facebook-Gruppe „Der Bezirk Meidling in historischen Ansichten" folgenden Beitrag: „Der Khleslplatz war das Zentrum von Altmannsdorf, ein richtiges kleines Dorf, Kirche, Gasthaus, Greisslerei, Wäscherei, Schloss mit Schlossgarten, Bauern, Felder, einige Häuser weiter eine Gerberei, eine Hendl- und Schweinezucht, Volksschule, Feuerwehr, alles im Umkreis von 250 Metern – ein Dorf in Wien." Das können wir uns recht gut vorstellen, zumal auch noch die Flurnamen „An den Froschlacken" sowie „An den Eisteichen" romantische Empfindungen entlocken. Aber in keinem Dorf wird es heute dieses oben aufgezählte Dorfensemble noch geben. Wäschereien, Greisslereien, Gerbereien gehören zu den Verschwindungen.

So auch in Altmannsdorf. Aber nichtsdestotrotz stehen wir in einem der reizvollsten Ortskerne, die sich in den Wiener Vororten erhalten haben: Einem dreieckigen Angerplatz, der sich rund um die Kirche ausweitet und hie und da auch einengt. Melchior Khlesl (1552–1630), einst Erzbischof von Wien, lässt als Namensspender grüßen. Vor der Eingemeindung hieß der Khleslplatz schlicht und einfach Kirchenplatz. Die in der Mitte des Platzes errichtete Kirche ist dem heiligen Oswald gewidmet und wurde 1838/1839 nach Plänen des Architekten Franz Xaver Lössl (1801–1885) aufgebaut. Besagter Franz Lössl sollte durch den Bau der Trinkhalle in Bad Ischl bekannt werden.

Nun folgt die Geschichte des Fabrikdirektors Johann Baptist Hoffmann (1786–1856), der die Grundherrschaft über Altmannsdorf im Jahre 1818 erworben hatte. Eigentlich war er kein Fabrikdirektor, sondern nur eine Art Manager der Betriebe des Großfuhrwerkers und Immobilienhais Josef Dietrich. Herr Hoffmann hätte eigentlich den Neubau der Kirche finanzieren müssen, er stellte jedoch lästige Bedingungen: Es müsste eine eigene Empore für ihn und seine Gattin gebaut werden, da es ihm nicht zuzumuten sei, gemeinsam mit einfachen Ziegelarbeitern und dem gemeinen Volk in einem Kirchenraum zu sitzen

Typisch für die Dörfer an der Peripherie Wiens: niedrige Häuser mit Greißlern, wie die Landkramerei von Johann Reisinger am Khleslplatz.

und zu beten. Der Neubau drohte schon an diesem unchristlichen Verhalten zu scheitern, da machte Johann Baptist Hoffmann – Glück hatte dieser Mensch auch noch – in der Warschauer Lotterie einen tollen Treffer. Mit diesen Finanzierungsmöglichkeiten konnte die Kirche nach den Vorstellungen des Grundherrn errichtet werden.

Vor der Kirche steht übrigens eine überlebensgroße Steinfigur des heiligen Augustinus. Sie hat nichts mit dem Bau der Kirche zu tun, sondern erinnert an die Augustiner, die vor dem oben erwähnten Hoffmann die Grundherrschaft innehatten. Ursprünglich war die Steinfigur sogar als Brunnen konzipiert.

Wir wollen jetzt langsam und ohne Hast die Häuser betrachten, die sich um die Kirche gruppieren. Viele werden sich noch an das

Dr.-Karl-Renner-Institut erinnern, das im Jahre 1973 auf Nummer 12 eingezogen war. Ursprünglich ein Wirtschaftshof der Beschuhten Augustiner, wurde es von Johann Baptist Hoffman 1818 umgebaut und in seiner Großspurigkeit als Schloss Altmannsdorf bezeichnet. Anschließend kaufte es das Dr.-Karl-Renner-Institut, die politische Akademie der SPÖ. Das Schloss wurde renoviert, und auf einem Teil des Areals anno 1980 das Gartenhotel Altmannsdorf errichtet. Nun verfügte die Partei über repräsentative Räumlichkeiten, um Schulungen, Veranstaltungen und Seminare organisieren zu können. Das Institut führte auch eine sozialwissenschaftliche Fachbibliothek. Im Juni 2017 wurde der Verkauf des gesamten Areals

Heute noch als Ortszentrum klar erkennbar: der Khleslplatz, der 1894 nach Kardinal Melchior Khlesl (1552–1630) benannt wurde.

beschlossen. Heute gehört das ehemalige Schloss Altmannsdorf der Baufirma Fernkorn AG.

Als Grundherrn gehörte Johann Baptist Hoffmann auch das Haus Nummer 1 am heutigen Khleslplatz, das ehemalige Halterhaus, das er um 1828 zu einem formidablen und von vielen Gästen besuchten Gasthof umbauen ließ. Verwunschen und möglicherweise liebliche Nixen und freche Kobolde versteckend erscheint uns das Haus Nummer 2 nebenan. In aller Klarheit können wir über das Haus mit der Nummer 5 berichten: Der Pflug, ehedem der Fünferpflug, war ab 1935 im Familienbesitz. Seit kurzer Zeit ist er geschlossen; aber man kann das Lokal für Feiern & Festivals mieten. Auf Nummer 6 befand sich seit 1935 das legendäre Tierschutzhaus, wo arme Katzen und Hunde eine Bleibe fanden. 1998 übersiedelten Hund und Katz ins niederösterreichische Vösendorf.

Soweit zum unmittelbaren Zentrum von Altmannsdorf. In fünf Minuten stehen wir wieder an der Straße An den Eisteichen und bei der benachbarten Großsiedlung Am Schöpfwerk. Beide Bezeichnungen hängen zusammen. Bis vor 100 Jahren wurden hier flache Teichlandschaften angelegt, die im Winter zufroren. Die Wasserversorgung wurde durch ein Hebewerk geregelt, deswegen der Name „Schöpfwerk". Diese Seen wurden als Eiswerk bezeichnet, da man Eisblöcke herausschnitt und sie in die nahe Großstadt transportierte, wo sie in den Kellern von Wirtshäusern und Betrieben gelagert und als Kühlmittel verwendet wurden.

Doch zurück zu Altmannsdorf. Der alte Ort ist von zwei konträren Systemen folgenden Großanlagen in die Zange genommen worden, die selbst neue Orte kreieren und komplexe Landschaften herstellen: einerseits von der Siedlung Schöpfwerk, andererseits von den Kabelwerken. Deswegen wollen wir beide Mega-Siedlungen in unserer Geschichte ausklammern.

Halt, ein Sidestep sei uns gestattet. Schlendern wir von der dem heiligen Oswald geweihten Kirche die Oswaldgasse in Richtung Norden, so erkennen wir linker Hand bald einen Fußballplatz. „KD-AG“ konnte man bis vor einigen Jahren noch auf einer Hinweistafel lesen, also Kabel- und Drahtwerke AG. Heute wird der Platz von der SC Wiener Viktoria bespielt. In den kalten Wintermonaten werden Obdachlose in den leer stehenden Kickerkabinen versorgt, die Unbetreuten finden dort sogar eine Bleibe. Die dafür Verantwortlichen mögen dafür vor die Kabinentür treten: Wir applaudieren.

Zur Gruppe rund um die Viktoria rechnen wir deren Funktionär Roman Gregory, den Sänger der inzwischen aufgelösten Wiener Kultband Alkbottle, sowie deren Trainer, den legendären Toni Polster. Da Alkbottle in der Zwischenzeit Geschichte sind, wollen wir kurz aus einem Lied zitieren:

Und I wockl durch Meidling
Und ab und zu, do kreul I auf alle Vier.
Und I wockl durch Meidling
Auf der Suche nach mein' nächsten Bier.

Wir hingegen suchen kein Bier, sondern die Siedlungsgenossenschaft Altmannsdorf und Hetzendorf. Und die hängt mit dem Architekten Josef Frank zusammen. Josef Frank, geboren 1885 in Baden bei Wien, flüchtete aufgrund seiner jüdischen Abstammung nach Stockholm, dort starb er 1967 als anerkannter Architekt. In der Zeitschrift *Der Aufbau* (Nr. 7, 1926) polemisierte Frank brillant, aber letztlich erfolglos gegen die von Hubert Gessner und anderen Schülern Otto Wagners vertretene Linie repräsentativer kommunaler Großbauten. In Wien wurde er durch die von oben erwähnter Genossenschaft errichtete Siedlung Hoffingergasse (ab 1921) bekannt. Diese gehört ebenso zu Altmannsdorf wie das Schöpfwerk oder die Kabelwerke.

Von der Oswaldgasse führt die Hoffingergasse zur Breitenfurter Straße. Wir sichten langgezogene, aber eher schmale Grünflächen, gedacht zum Gemüseanbau. Die Häuserfronten schauen sich ein bisschen ähnlich, sie bevorzugen in der Regel steile Dächer. Der Grund für die doch einheitliche oder kollektive Bauweise: Die als Selbstversorgersiedlung konzipierte Anlage umfasst 286 Reihenhäuser, die in Zeilen längs der Straßen errichtet wurden. Die angehenden Siedler mussten pro Haus eine Eigenleistung von 2.000 Arbeitsstunden erbringen und nach der Fertigstellung griff man bei der Zuteilung der Häuser zu einem bisher kaum angewandten urdemokratischen Prozesse: Die Häuser wurden verlost.

Heute ist kein Haus im ursprünglichen Bauzustand erhalten. In die für den Gemüseanbau nicht mehr notwendigen Flächen wurden vielfach Garagen gebaut.

Zu guter Letzt wollen wir noch berichten, wie die *Arbeiter Zeitung* am 1. Juli 1922 über die Siedlung Hoffingergasse schrieb: „Sie ist zweckmäßig und jedem Schmuck abhold.“ Dies war als positive Wertung gedacht.

Atzgersdorf

Fett-, Sarg- und Klavierfabriken

Wir starten mit den uns bekannten Kunerol-Werken an der Breitenfurter Straße. Auf ihrer Höhe finden wir auf der anderen Straßenseite die Kunerolgasse. Herr Emanuel Mendel Khuner – ja, mit „Kh“ geschrieben, er lebte von 1823 bis 1888, wobei wir auch anders lautende Geburts- und Sterbedaten finden – entwickelte ein Verfahren, um aus in fernen Ländern abzuerntenden Kokosnüssen Fett zu produzieren, konkret: Speisefett. Das Produkt nannte er unter Auslassung des postkonsonantischen H schlicht und einfach Kunerol. Unser aus dem südmährischen Bzenec zugereiste Fettfabrikant hatte drei Söhne: Gottfried Friedrich, Arnold und Nathan, der jedoch stets als Norbert bezeichnet wurde. Die Firma Emanuel Khuner & Sohn, oder kurz Kunerol, errichtete im Jahre 1897 die Kunerol-Fabrik in Atzgersdorf und spezialisierte sich auf Produkte wie Margarine und Mayonnaise. Da um die Jahrhundertwende in den privaten und in den öffentlichen Küchen – wir denken nur an die Armee – tierische Fette als Mangelprodukt galten, konnte die Firma Kunerol mit ihrem Speisefett reüssieren und errichtete bald auf dem gesamten Globus, sogar in den Vereinigten Staaten, Filialen.

Zwischen 1912 und 1913 wurde die Firma in verschiedenen Etappen von ihrem größten Konkurrenten, der Firma Schicht aus Aussig an der Elbe (Ústí nad Labem), übernommen, eine im Kapitalismus durchaus übliche Vorgangsweise. Leiter der Schicht-Werke war damals Heinrich Schicht (1880–1959), Sohn des charismatischen Firmengründers Johann Schicht. Der bereits gut eingeführte Markenname Kuner oder Kunerol wurde von den Schichtlern beibehalten. Apropos Schicht: Erinnert sich noch jemand an die Schicht-Seife? Sie wurde mit großflächigen Reklametafeln an den Wiener Straßenbahnen und Fassaden beworben.

Unser Heinrich Schicht errichtete nun 1923 eine neue Margarine-Fabrik in Atzgersdorf, also jene, die wir noch vor einigen Jahren besichtigen konnten. Im Zuge der Weltwirtschaftskrise schlossen sich 1929 verschiedene Firmen zu einer riesigen Holding namens Unilever zusammen. Wie kam der Name zustande? Uni ist klar, und der Name Lever bezog sich auf eine Seifenfirma, die die Lever Brothers 1885 in Warrington in Nordwestengland gegründet hatten.

Heute vertreibt der multinationale Firmenkomplex Unilever mit Sitz in London so ziemlich alles. Für einige Produkte, wie etwa für

KUNERO
WIEN-A
EXKURSIO
KUNEROL
SPEZIAL
KUNEROL
100 %
REINES FETT
AUS
KOKOSNÜSSEN

WERKE A.G.
ERSDORF
3. OKT. 1930

Thea
MILCH-MARGARINE
SCHMECKT
WIE FEINSTE
TEEBUTTER

die Mayonnaise, wurde der Name Kuner beibehalten. Auf den ehemaligen Unilever-Gründen – abgerissen zwischen 2003 und 2015, so lange benötigte man für die Demontage – entsteht nunmehr ein neues Stadtviertel mit über 800 Wohnungen. Die Meinung der Anrainer über die Verbauung der Unilever-Gründe ist jedoch geteilt.

Wandern wir in Atzgersdorf weiter an der Breitenfurter Straße, folgt die nächste Fabrik mit der Nummer 176. Sie wurde von 1966 bis 2013 von der Bestattung Wien zur Erzeugung von Särgen genutzt und trug deshalb den gesegneten Namen Sargfabrik. Der hohe Wasserturm, die Büros und Wohnungen mit unterschiedlichen Höhen erinnern an den ursprünglichen Betrieb: eine Maschinen-, Kisten- und Holzwarenfabrik mit dem eigenartigen Namen Koffmahn. Sie wurde von Hubert Gessner zwischen 1913 und 1916 errichtet, der später etwa mit seinem Bau des Lassalle-Hofes, des Metzleinstaler Hofes und anderer Anlagen der Gemeinde Wien für Furore sorgen sollte. Ab 2015 wurde das Gebäude von der Initiative F23 als Kulturzentrum bespielt. Doch in der Zwischenzeit wurde auch das zu Grabe getragen: Im Jahre 2018 kaufte die Firma Soravia die verschiedenen Einzelteile. In deren zukünftigem Nutzungskonzept ist ein „Dreh- und Angelpunkt verschiedenster Kulturbereiche“ vorgesehen (Zitat Soravia). Die Eröffnung ist für 2024 geplant.

Später wollen wir uns noch eine dritte Fabrik in Atzgersdorf ansehen, eine Klavierfabrik, doch erst müssen wir auf der Breitenfurter Straße weiterwandern. Vom stetigen Autoverkehr ausgezehrt, blieben hier vor allem zwei Sorten von Betrieben erhalten: Die Kfz-Werkstätten, die gut mit den unaufhaltsamen Automassen leben können, und die diversen Nachtclubs, deren Laufkundschaft ebenso von anonymisierten Landschaften angezogen wird.

Atzgersdorf ist übrigens bipolar, mit verschiedenen Qualitäten der einzelnen Pole. Zuerst sehen wir den Atzgersdorfer Platz, heute eine Reihung von Verkehrsflächen, Kreuzungen und Parkplätzen. Dieser

Platz hat seine nominelle Funktion versäumt oder verloren. Plätze, so sagen uns die Architekten, sollen Brennpunkte des öffentlichen Lebens sein, sie wirken als die wichtigsten Raumelemente des Städtebaus, deshalb … geschenkt. Wie der Platz früher aussah, erkennen wir an einem Graffiti an der Fassade des Hauses an der Erlaaer Straße. Oder wir spähen auf ein paar ältere Häuser, wenn wir hinunter zur Meisgeyergasse steigen und auf die ehemalige Buschenschank blicken. Besagte Gasse wurde nach einem ehemaligen Bürgermeister von Atzgersdorf, nach Karl Meisgeyer benannt, der dieses Amt von 1875 bis 1894 innehatte. Ihr alter Name lautete Wassergasse, da diese einst neben der hier eingedeckten Liesing führte.

Doch nun zurück zum höher gelegenen Atzgersdorfer Platz. Ein Gebäude fällt uns auf, und das ist nach einem anderen Bürgermeister von Atzgersdorf benannt: Nach Hans Werndl, der von 1919 bis 1934 als Chef des damals sozialdemokratischen Atzgersdorf wirkte. Der Hans-Werndl-Hof kontrastiert mit seiner kolossalen Vorderfront und dem Mittelrisaliten die Verkehrshölle des Atzgersdorfer Platzes.

Den ersten Pol, den Atzgersdorfer Platz, haben wir hiermit absolviert. Den Friedhof als sedativen Ruhepol rechnen wir bei unserer Aufzählung nicht mit. Der zweite Pol, der zweite zentrale Ort, heißt Kirchenplatz. Wir benötigen nur ein paar Schritte, um vom Atzgersdorfer Platz dorthin zu kommen. Dörfliche Strukturen sind sofort erkennbar. Wir meinen damit das Blumenzimmer (Gruß an Sandra Stulik) sowie die Buchhandlung Michael und den kleinen Imbissladen. Der Kirchenplatz mit Brunnen, Bankerl und Zitherspiel: Wo sind die Zeiten, als ein Karl Stirner, Wiens feinster Zitherspieler, sowie Walther Soyka, Wiens solidester Quetschenspieler, hier konzertierten?

Wir umkreisen die der heiligen Katharina geweihte Kirche, finden erneut ein Denkmal mit dem Text „Den Helden des Weltkrieges", und suchen daraufhin in der Kirche Schutz vor großmäuligen Sprüchen

Atzgersdorf im Süden Wiens gehörte zu den aufstrebenden Orten im ausgehenden 19. Jahrhundert, es besaß sogar ein „Grand-Café".

über Kriege und deren Agitateure. Die Kirche ist eine klassizistische Wandpfeilerkirche, die von 1781 bis 1782 nach Entwürfen des Architekten Andreas Fischer erbaut wurde. Älter als die Inneneinrichtung ist die Kanzel, die von Ignaz Walter im Stil des Rokokos um 1765 errichtet wurde.

Wir machen uns auf zum Bruno-Morpurgo-Park. Natürlich nicht wegen des Parks, sondern wegen dessen Namenspatron, des Komponisten Bruno Morpurgo. Dieser lebte von 1875 bis 1917, ward geboren in Atzgersdorf und schrieb zwei Symphonien sowie zwei Streichquartette. 1917 fiel er „als Held des Kriegs" an der Isonzofront. Ob er sich auch als solcher betrachtet hätte?

Wandern wir noch weiter auf der Endresstraße, so erreichen wir die Hausnummer 18. Von außen scheint es uns recht unauffällig, doch nach dem Durchschreiten des vorderen Baus und eines längeren Ganges sehen wir endlich die vorhin schon angekündigte ehemalige Klavierfabrik von Luner & Pattart. Nein, wir wollen kein Klavier kaufen. Aber ein Produkt, das sich sogar auf Klavier reimt: ein Bier. Und es heißt 100-Blumen-Bier. Seit 2016 braut Alexander Forstinger in dieser ehemaligen Klavierfabrik seine im gesamten Bezirk verkauften Biersorten. Wir nehmen gleich in der Braustube Platz, im Sommer könnten wir uns an einen der Tische im Innenhof setzen. Dann haben wir die Wahl: Wiener Lager, Pils, Zwickl, oder gar das einfache Lager. Wie die Biersorten mit den Wiener Postleitzahlen zusammenhängen, wird Ihnen Herr Alexander Forstinger selbst erzählen, alles können wir Ihnen schließlich nicht verraten.

Rodaun

Zwischen Dürrer und Reicher Liesing

Zwischen der Dürren Liesing, die im Sommer phasenweise so dürr ist, dass man sie als verdorrt bezeichnen könnte, und der Reichen Liesing, deren Lauf in den letzten Jahren renaturiert wurde und so einem üppigen Pflanzenbewuchs Raum geben konnte, bergseitig begrenzt vom Zugberg, der durch die Mizzi-Langer-Wand bei den Wiener Kletterern Euphorie auslöst, da liegt der Ort Rodaun. Seine Erschließungsachse ist die Ketzergasse, die aber nicht an Outlaws oder an Renegaten und Fahnenflüchtige erinnert, sondern vielmehr an Josef Ketzer. Er war von 1918 bis 1928 Bürgermeister von Siebenhirten. Ja, von Siebenhirten, denn die Ketzergasse beginnt bei der ehemaligen Teufelsmühle an der Triester Straße, führt über Siebenhirten und Rodaun bis nach Kalksburg und zählt als Gasse mit der benachbarten Breitenfurter Straße zu den längsten Straßen der Bundeshauptstadt.

Wir konzentrieren uns auf den älteren Bereich zwischen der Dürren Liesing und der Willergasse. Hier finden sich nur mehr wenige ebenerdige oder zweigeschossige Häuser des 19. Jahrhunderts, dafür aber viele Bauten aus den 1970er-Jahren mit entsprechender Ästhetik, die wir ein bisschen naserümpfend nicht näher kommentieren wollen.

Stelzer's Restauration in Rodaun war ein weit über die Grenzen hinaus bekanntes Lokal. Heute erinnert nur mehr eine Gedenktafel in der Ketzergasse (Nr. 473) an das 1961 abgerissene Gasthaus.

Idealerweise erreicht man Rodaun mit dem 60er, der hier seine Endstation – oder wollen wir lieber Anfangsstation sagen? – hat. Früher verkehrte hier auch noch der 360er, der allerdings bis nach Mödling weiterbimmelte. Bim-Nostalgiker können sich noch Reste der Gleise anschauen. Sie erkennen noch eine Doppelschleife: die Rodauner Schleife des 60ers, übrigens die längste Schleife im Wiener Stadtgebiet, und die inverse Schleife des 360ers, der im Idealfall schon auf die Umsteiger wartete. Seit dem 24. November 1963 gab es dieses wunderschöne Schienengeflecht. Davor fuhr der 260er auf direktem Weg von der Maurer Schleife bis ins gar nicht so nahe Mödling. Nachgebaute Schienen kennzeichnen an manchen Stellen die ehemalige Trasse. Doch mit dem 1. Dezember 1967 hieß es: Aus und vorbei mit dem 360er. Geblieben ist bis heute die Endstations-Jausenstation. Drinnen sieht man noch Fotos des numerologisch allen überlegenen 360ers. Übrigens fährt der 60er auf der Kaiser-Franz-Josef-Straße zurück ins Wiener Stadtgebiet. Warum ist dieser alte Name geblieben? Während in Wien im Jahre 1918 fast alle Straßen mit Bezug zur ehemaligen Herrscherfamilie umbenannt wurden, so führte das Land Niederösterreich diese Umbenennungsaktion nicht durch. Und Rodaun gehörte bis 1938 – bis zur Eingemeindung nach der Okkupation durch die Nazis – zu Niederösterreich. Allerdings ist besagte Kaiser-Franz-Josef-Straße trotz des langen Namens eine kleine Gasse, die unauffällig in die Breitenfurter Straße mündet.

Wie bereits erwähnt, wird der Dorfkundler erst nach der Querung der Willergasse belohnt. Auch die ist nach einem Bürgermeister benannt, nach Dr. Peter Willer (1880–1938), Bürgermeister von Rodaun bis 1931. Auf der Ketzerstraße 471 erblicken wir das Fuchsschlössl, in dem bis zu seinem Tode 1929 der Schriftsteller Hugo von Hofmannsthal residierte. Nach ihm wurde es von der Heimatdichterin und glühenden Nationalsozialistin Maria Grengg bewohnt. In Rodaun wurde ein kleines Gasserl nach ihr benannt, eine Zusatztafel verweist auf ihre Begeisterung für den Nationalsozialismus. Warum allerdings Fuchsschlössl? Natürlich lief kein namensgebender Fuchs, sprich Reineke, über die Ketzergasse. Die Villa wurde 1724 für Fürst Trautson errichtet, später gehörte sie der Obersthofmeisterin von Maria Theresia, einer gewissen Karoline von Fuchs-Mollard. Aus naheliegenden Gründen wird sie heute zumeist als Hofmannsthal-Schlössl bezeichnet.

Fünf Schritte weiter, auf der Ketzergasse 471, gab es einst die Gastwirtschaft von Johann und Antonie Stelzer. Das Stelzer-Wirtshaus muss in der Monarchie nicht nur in Rodaun, sondern auch in Wien, ja sogar über Wien hinaus bekannt gewesen sein, wurde es doch – wie scherzhaft manchmal ganz Wien – als Wirtshaus von Österreich bezeichnet. Im Kapitel über Kalksburg berichten wir, dass der ärztliche Leiter der dortigen Heilstätte diesen Begriff auch in einem anderen, weniger erfreulichen Kontext verwendet. Auch Wirtshäusern können seltsame Karrieren passieren. Im Ersten Weltkrieg wurde im Wirtshaus von Österreich das Kriegspressequartier angesiedelt. Bei straffen Diensten wird alles abgekürzt, also hieß es: KPQ. Im Verlauf des Krieges werkten dort an die 550 Schriftsteller und Journalisten sowie 220 Maler! Wir zählen nur ganz wenige auf: Hugo von Hofmannsthal, Rainer Maria Rilke, Egon Erwin Kisch, Alfred Kubin, Stefan Zweig, Franz Werfel und Oskar Kokoschka, also alle namhaften Autoren der damaligen Zeit. Die einen wollten sich dem verhassten Kriegsdienst auf diese Weise entziehen, andere berichteten voller Hingebung und Kriegsbegeisterung über die „Heldentaten" der kaiserlichen Truppen.

Nach dem Ersten Weltkrieg büßte das Wirtshaus von Österreich seinen Ruhm ein. Mehrere Jahre profitierte es noch von dem nahegelegenen und viel besuchten Stelzerbad, auch als Stelzer-Strandbad bezeichnet. Wir zitieren die *Wiener Allgemeine Zeitung* vom 8. Juli 1933: „Werbeschwimmen in Rodaun. Kommenden Sonntag, 4 Uhr, veranstalten die beiden Vereine W. A. C. und Oe. T. C. eine große Werbeveranstaltung anläßlich der Eröffnung des Strandbades Stelzer in Rodaun. Das neue Bad hat eine herrliche 33 1/3-Meter-Bahn mit einer Kläranlage, so daß das Wasser so hell wie Trinkwasser ist, außerdem tadellose Sprungbretter und herrliche Umkleideräume. Weite Wiesenflächen erlauben dem Besucher, alle Ballspiele auszuüben."

Doch nach dem Zweiten Weltkrieg sollte es weder mit dem Schwimmen noch mit der Gastronomie klappen, im Jahre 1960 musste das Wirtshaus abgetragen werden. Die an selbiger Stelle 1966 errichtete Wohnanlage trägt den Namen Stelzerhof.

Jetzt gehen wir die Willergasse hinauf zur Bergkirche. Oben öffnet sich uns auf einem ebenen Hochplateau größeren Ausmaßes der Rodauner Kirchenplatz. Ruhe, Gelassenheit und ein hohes Maß an Entspannung können hier halten und ihre Wirkung an die Besucher weitergeben. Also halten auch wir.

Die im Jahre 1745 fertiggestellte Bergkirche steht genau 267 Meter über dem Meer und ist Johannes dem Täufer geweiht. Auf mächtigen Fundamentpfeilern wurde sie im barocken Stil von Johann Enzenhofer (1687–1755) errichtet. Wir erspähen zwei Steinfiguren auf dem Dach: Links die heilige Katharina, rechts die heilige Barbara. Am Rodauner Kirchenplatz startet auch ein Wanderweg zur Wiener Hütte. Vorsicht ist geboten: Eine Variante des Weges führt direkt zur Mizzi-Langer-Wand, der aufregendsten und waghalsigsten Herausforderung für Kletterer im Wiener Stadtgebiet. Täglich kann man mehrere Seilschaften in der Wand beobachten, manchen wurde sie leider zum Verhängnis.

Auf demselben Plateau wie die Kirche steht das ehemalige Schloss Rodaun. Nach andauernden Erweiterungsarbeiten wurde es von Robert Oerley 1907 bis 1908 in der heutigen Form gestaltet, die Gartenfassade bewahrt noch den frühklassizistischen Stil. Heute tummeln sich im Schloss und in der prächtigen Gartenanlage mit der Lourdesgrotte die

Schülerinnen und Schüler der katholischen Privatschule, ihre offizielle Bezeichnung lautet HLW Sta. Christiana.

Doch was bedeutet Sta. Christiana? Die Geschichte begann in Argancy, einer kleinen Gemeinde nahe der deutschen Grenze im Arrondissement Metz. Dort lebten Anne und Alexis de Méjanès ab 1789. Sie hatten keine Kinder und so nahmen sie einige Freunde in ihr großes Haus auf. In den Mittelpunkt ihres Lebens rückten Erziehung, Arbeit, Dienst an den Armen sowie das Gebet. Der Bischof von Metz, Monseigneur Gaspard-André Jauffret, war von der Gemeinschaft in Argancy tief beeindruckt. Eines Tages schlug er der Gruppe vor, den Status einer Ordensgemeinschaft anzunehmen, um sich der Erziehung und der Krankenpflege zu widmen. Außerdem vermittelte er auch eine Schutzpatronin, die Heilige Christiana. Diese Gemeinschaft führt einen langen Namen: Schwestern der Kindheit Jesu und Mariens unter dem Schutz der hl. Christiana. Die Abkürzung lautet kurz und bündig: STA.

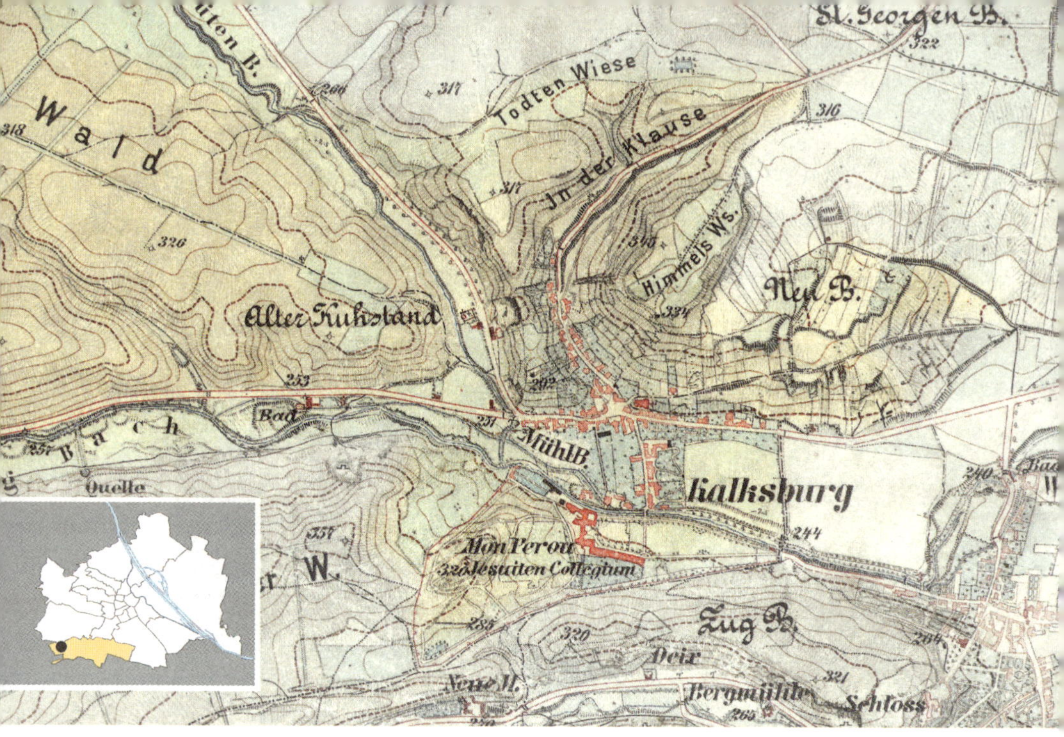

Kalksburg

Wer will hier (nicht) einkehren?

Die gegenseitige Nähe von Tod und Wein wird in vielen bekannten Wienerliedern besungen. Am Kalksburger Friedhof können wir uns von der Richtigkeit dieser Behauptungen überzeugen: Die Reihen der Rebstöcke fallen vom Georgenberg sanft hinunter und enden nahtlos an der Friedhofsmauer. „Es wird a Wein sein, und mia wern nimmer sein", kann man da lakonisch konstatieren.

Wir wenden uns zuerst dem Tod und seiner Kultstätte zu. Dazu halten wir vor dem Ehrengrab von Hugo von Hofmannsthal (1874–1929). Folgenden Text lesen wir auf dem Grabstein:

Und mein Teil ist mehr
als dieses Lebens
schlanke Flamme
oder schmale Leier

Die Leier sehen wir, sie ist tatsächlich schmal und ziert den Grabstein. Geht man vom Friedhof durch die Weingärten in Richtung Westen, so erreicht man in fünf Minuten eine der letzten großen Wiesen Wiens, die

Franz Mack, Kalksburger Grundherr, ließ von 1793 bis 1801 die Pfarrkirche „Zum heiligen Petrus in Ketten" errichten.

deswegen auch den Namen Himmelswiese erhielt. Man ahnt bereits: Ja, hier müssen dereinst große Steinbrüche gewesen sein. Man täuscht sich nicht, befinden wir uns doch am Abbruchgebiet des einstigen Mediterranen Meeres. Wer hier Zeit hat zu buddeln, wird in angemessener Zeit einen Haifischzahn oder eine fossile Schnecke herausklopfen.

Zwei Trüge oder trügerische Annahmen wollen wir gleich zu Beginn korrigieren und halten uns dabei an den Doyen der Wiener Geschichtsschreibung, an Felix Czeike. Das Wort „Kalk“ in Kalksburg kommt ethymologisch nicht vom Gestein, sondern von einem munteren Kalb. „Burg“ lässt sich nicht von einem stattlichen Bauwerk ableiten, sondern von einem niedlichen Berg. Seit dem 12. Jahrhundert ist der Dorfname in verschiedenen Variationen verbürgt.

Die Grundherrschaft gehörte dereinst den Jesuiten, ehe sie der Juwelier Franz Mack im Jahre 1790 kaufte. Franz Mack (1730–1807), ein typischer Aufsteiger des Spätjosefinismus mit guten Beziehungen zum Kaiserhaus, ließ die Pfarrkirche und den ehemaligen Friedhof errichten und wurde 1791 nobilitiert: Franz Edler von Mack. Der Anblick dieser auf einem kleinen Bergstock errichteten und dem Heiligen Petrus geweihten Kirche in Kalksburg ist vielen vertraut. Offiziell trägt sie den Namen „Heiliger Petrus in Ketten“ (St. Peter in vinculis). Der Name bezieht sich auf eine Stelle in der Apostelgeschichte: Herodes ließ Petrus verhaften und in einer Zelle zwischen zwei Bewachern anketten. Doch ein Engel habe den Angeketteten auf wundersame Weise befreit.

Drei Motive, die wir auf der Kirche erblicken, passen zum Petrusmythos: ein goldener Hahn auf dem Dachfirst, den wir beinahe übersehen hätten, Petrus selbst mit seinem Riesenschlüssel, und ein Kreuz mit drei Querbalken. Die im neoklassizistischen Stil in den Jahren 1793 bis 1801 errichtete Kirche ist ein Werk des auf Kirchenbauten spezialisierten Architekten Johann Baptist Zobel (1760–1826). Die Kalksburger Petruskirche gilt als sein Paradewerk.

Doch noch stehen wir unten am Hauptplatz. In der Enge zwischen dem Venusberg und der Reichen Liesing – die Dürre Liesing ist schon vorher nach Kaltenleutgeben abgebogen – kann sich das Dorf nicht entfalten, nicht verstädtern. Wir biegen in die Mackgasse und erreichen erst einmal das Anton-Proksch-Institut (API). Dieses Refugium ist jedem Wiener geläufig, selbst wenn er nicht die Ehre hatte, sich dort auszukurieren. Alleine die Drohung: „Sunst kummst nach Kalksburg!" wurde gefühlsmäßig genauso oft gehört wie das Lied „Es wird a Wein sein". Das Institut verfügt über 280 Betten und beschäftigt rund 220 Mitarbeiter. Benannt ist es nach dem ehemaligen Sozialminister Anton Proksch (1897–1975), unter dessen Schirmherrschaft das Genesungsheim Kalksburg am 5. Dezember 1956 gegründet wurde und seitdem dem Ort Kalksburg ein Stigma verleiht, auf das niemand stolz ist, denn nach Kalksburg zu kommen gilt als wenig ehrenhaft.

Der langjährige ärztliche Leiter des Institutes, Dr. Michael Musalek, der immer wieder sagte, Österreich „ist ein großes Wirtshaus", hatte darauf auch eine Antwort: das größte Suchtzentrum Europas. „Mit rund 70 Prozent stellen weiterhin die Alkoholkranken die Mehrheit dar. Aber wir haben auch seit vielen Jahren eine eigene Abteilung für Drogenkranke. Sehr stark im Kommen sind von Glücksspielen Abhängige. Da spielt auch das Internet eine große Rolle." (*Wiener Zeitung*, 25. Jänner 2017). Das Ziel des API ist jedoch laut Dr. Musalek, allen Süchtigen eine optimistische Perspektive zu bieten: „Wir wollen aber helfen, unseren Patienten ein autonomes und schönes Leben zu ermöglichen".

Unserem bereits erwähnten Juwelier und Hoflieferanten Franz Mack gehörte selbstverständlich auch der schlossähnliche Besitz auf der anderen Seite der Liesing, den er als Mon Pérou bezeichnete, und der ursprünglich der Fürstin Carolina von Trautson, einer Hofdame Maria Theresias gehörte. Durch mehrere Staffagebauten – eine Einsiedelei, einen Dianatempel und eine Mauer rund um die Anlage – verzierte er seinen Besitz. Von einem seiner Erben wurde im Jahre 1856 alles wieder an die Jesuiten verkauft, die sodann dort das Kollegium Kalksburg als eine segensreiche Institution aufbauten. Ein Kalksburger zu sein ist ebenso ehrenhaft wie ein Schotte oder Theresianist – damit wäre drei Wiener Eliteschulen die Ehre erwiesen. Ehemalige Schüler des Kollegiums waren: der Künstler André Heller, der sich in einem Interview kontrovers über seine Schulzeit äußerte, weiters der verstorbene Journalist Robert Hochner, der Autor Daniel Kehlmann, der ÖVP-Politiker Karl Nehammer sowie die Schauspieler Cornelius Obonya und Robert Palfrader.

Dem Eingang des Kollegiums nähern wir uns über die Mackgasse. 1859 wurde die Anlage nach der Übernahme durch die Jesuiten um

Unübersehbar ist der langgezogene Bau des Kollegiums Kalksburg, wo die Jesuiten eine Privatschule führen. Früher stand hier das im 18. Jahrhundert erbaute Schloss Mon Pérou.

das Konvikt, das heutige Gymnasium, erweitert. Später – zwischen 1895 und 1997 – folgten die Marianische Kongregationskapelle und die Konviktskapelle. In der Konviktskapelle ist ein Maria-Immaculata-Bild von Leopold Kupelwieser untergebracht, einem der führenden Historienmaler seiner Zeit. Einer seiner Söhne war wiederum der Industriemagnat Paul Kupelwieser – aber jetzt müssen wir aufhören, sonst müssten wir auch noch über die von ihm gekaufte Insel Brioni sowie über den mit ihm verwandten Philosophen Ludwig Wittgenstein berichten. Was wir aber dennoch nicht vergessen: Zu unserer Überraschung befindet sich in der Kongregationskapelle der Reisealtar von Napoleon Bonaparte.

Ehe wir schließen, fällt uns noch etwas ganz Profanes ein. Es gibt noch ein zweites Kollegium Kalksburg. Nennen wir es Band, Gruppe oder Ensemble? Die Ursache für die Namensgebung: Von dem Fenster eines der Gründerväter fällt der unmittelbare Blick auf das hehre Gebäude des Jesuitengymnasiums, zudem befindet sich auf der anderen Seite das Anton-Proksch-Institut. Die besten Voraussetzungen, um mit einer dem Wienerischen verpflichteten Gang irgendetwas zwischen Jazz und Wienerlied zu interpretieren. Das Trio Kollegium Kalksburg, „allesamt Talente weit über ihr Genie hinaus" (Zitat Kollegium Kalksburg) wurde 1996 von Heinz Ditsch, Paul Skrepek und Wolfgang Vincenz Wizlsperger gegründet. Heinz Ditsch ist zuständig für Akkordeon, Singende Säge und Gesang, Paul Skrepek für Kontragitarre und Gesang. W. V. Wizlsperger für Liedgesang, Kamm und Euphonium. Sie zeigen sich keck und kreativ: „Gezupft wird eine Kontragitarre, geblasen ein Kamm, gezogen eine Harmonika, gestrichen eine Säge und jede außerwienerische Erfahrung aus dem Gedächtnis (Wein spielt eine große Rolle!). Es wird gesungen. Es wird Gereimtes und Ungereimtes gewaltsam zum Vortrag gebracht." Und so warten wir – bang oder nicht bang – auf deren nächsten Auftritt.

Mauer

Zwischen Kadolz-, Kroiss- und Sauberg

Kennen Sie den Kadolzberg, den Kroissberg oder Sauberg? Dort reifen die Trauben eines Dorfes, das bislang beträchtlich unterschätzt wurde und höchstens als Tiergarten-Anrainer-Gemeinde periphäre Beachtung fand: Mauer.

Ursprünglich als Gereut bezeichnet, wurde Mauer erstmals 1210 erwähnt. Unklar bleibt dabei, wessen Mauerwerk seine namensstiftende Wirkung entfaltete. Viele Jahrhunderte hindurch war der Ort in Niederösterreich geprägt durch das Wirken der Bauern, die landwirtschaftliche Produkte und Wein anbauten. Erst gegen Ende des 19. Jahrhunderts wurde die dominante Rolle der Weinbauern ein wenig zurückgedrängt – die Reblaus richtete ihre giftigen Grüße aus. Von einer tatsächlichen Mauer tangiert wurde der Ort durch den Bau der Mauer des Lainzer Tiergartens, den von 1782 bis 1787 der Maurer Philipp Schlucker aus der Wienerwaldgemeinde Alland durchführte. Da er sehr billig kalkulierte und damit alle Konkurrenten deutlich unterbot, wurde er vom Kaiser mit dem Bau der Mauer beauftragt. Seither kann man sein kärgliches Dasein auf dieser Welt „als armer Schlucker" fristen.

Die einstige Hauptstraße in Mauer heißt seit 1966 Endresstraße, benannt nach dem Historiker Robert Endres (1892–1964).

Ab 1827 erreichte man Mauer von Wien aus mit dem Stellwagen, ab dem 27. Oktober 1883 fuhr die Dampfeisenbahn von Krauss & Comp. von Hietzing über Mauer und Rodaun nach Perchtoldsdorf. Zudem konnte man via Atzgersdorf unseren Ort auch mit der Südbahn erreichen. Dampfeisenbahn und Südbahn begünstigten den Fremdenverkehr, begüterte Wiener fuhren gerne nach Mauer in die Sommerfrische, und manche, wie zum Beispiel Hugo von Hofmannsthal, ließen sich sogar im angrenzenden Rodaun nieder. Die Trasse der alten pfauchenden Dampfeisenbahn wird heute übrigens großteils vom 60er benutzt.

Das damalige niederösterreichische Mauer wurde erst von der nationalsozialistischen Verwaltung im Jahre 1938 eingemeindet, ver-

So sah die einstige dem hl. Erhard geweihte Pfarrkirche von Mauer aus, ehe sie in den Jahren 1934–1936 von Clemens Holzmeister umgebaut wurde.

blieb aber – ebenso wie Rodaun – bei der neuen Grenzziehung im Jahre 1954 im Wiener Bezirk Liesing.

Es ist aber ein Dorf geblieben. Weil die auf den Hängen des Kadolzberges wachsenden Weinstöcke nicht durch Hochhäuser ersetzt wurden. Oder weil es einen Fleischhacker namens Binder gibt, bei dem man eine Leberkässemmel kaufen kann. Oder weil es die Buchhandlung von Brigitte und Guido Wetter gibt, die „Buchhandlung in Mauer". Das System Dorf kann vom System Stadt nicht mit einem Schlag demoliert, zergliedert, substanziell verändert werden. Ohne damit eine Wertung zu konstituieren: Heil ist das Leben im Dorf, schiach ist das Leben in der wüsten Stadt.

Ehe wir das Dorf Mauer erreichen, sichten wir zur Rechten der Speisinger Straße auf Nummer 104 das Linienamt. Die Linienämter tragen diesen Namen, weil sie dereinst an der sogenannten Linie standen, also am Linienwall. Ihre offizielle Bezeichnung lautete „k. u. k. Verzehrungssteuer-Linienämter". Da sich den Namen niemand merkte, bürgerte sich das elegantere „Linienamt" ein.

Doch genug davon, nun folgt zur Linken eine kleine Überraschung: der Druk-Yul-Park. Die deutsche Übersetzung lautet „Land des Donnerdrachens". Gemeint ist damit ein kleines Land zu Füßen des Himalaja-Massives, das Bhutan heißt. Selbstverständlich sind wir vertraut mit der bhutanischen Amtssprache und sprechen den Park wie „Dru-Ü" aus. Er beeindruckt uns durch zwei Denkmäler. Wir starren auf einen eher quadratischen Glücksturm und verneigen uns glücklich. Daraufhin sehen wir eine Steinmauer mit acht Glückssymbolen, wir verneigen uns versteinert.

So, wir können uns vor Glück nicht halten, weiter in Richtung Mauer. Rechter Hand erblicken wir auf der Speisinger Straße 256 das ehemalige Maurer Rathaus. Über die frühere Funktion erhalten wir keinen Hinweis, immerhin verweist die über dem Tor angebrachte Jahreszahl 1887 auf das Jahr der Fertigstellung. Heute sind im alten Bürgermeisteramt Räumlichkeiten der Volkshochschule untergebracht.

Auf der anderen Seite der Speisinger Straße befindet sich der Rathauspark. Auf einer Tafel beim Eingang gleich neben der Straßenbahnhaltestelle lesen wir: „Der Park und die Gebäude dieses Besitzes wurden im Jahr 1937 von der Gemeinde Mauer bei Wien erworben zur Förderung des Schulwesens und zum Wohle der Allgemeinheit." Auf die nächste Überraschung stoßen wir im Inneren: Auf die Statue Magna Mater, die 1925 vom in Brünn geborenen Bildhauer Anton Hanak (1875–1934) errichtet wurde. Allerdings gehört auch die Magna Mater zu den sogenannten „verrückten Statuen", sprich sie befindet sich nicht mehr an ihrem ursprünglichen Standort: Die Statue samt dem Brunnen, mit dem die Große Mutter eine Einheit bildet, markierte ursprünglich den Mittelpunkt der Kinderübernahmsstelle in Wien 9, in der Lustkandlgasse 50. Nunmehr klärt sich auch die Bedeutung der Magna Mater: Es ist die fürsorgende Kraft der Mutter gemeint.

Überrascht entdecken wir eine zweite versteckte Skulptur: den Athleten des Bildhauers Oskar Thiede (1879–1961), dessen Atelier sich in Mauer befand und der auch am Maurer Friedhof begraben ist.

An den Rathauspark schließt direkt die Maurer Pfarrkirche an. Sie wurde von einem der Stararchitekten der Zwischenkriegszeit, von Clemens Holzmeister, zwischen 1934 und 1936 umgebaut. Ihr Grundriss wurde bei den Umbauten um 45 Grad gedreht, denn die alte Kirche reichte weit in die heutigen Straßen hinein und störte den fließenden

In Sachen Weinseligkeit und Juxkarten steht Mauer auf Augenhöhe mit Grinzing.

Grüsse aus Mauer
In Mauer ja, da trinkt ma halt
A Glas ums andere gern
So lang bis d'Leut und Häuser
Auf d'Letzt dann wacklert
werd'n.

Wohin, wenn nicht nach Wien, in die Reichshaupt- und Residenzstadt, sollte einst die Wiener Straße in Mauer führen? Heute kennt man sie als stadteinwärts führende Speisinger Straße.

Verkehr. Der alte Turm blieb jedoch erhalten, was der Kirche, die dem heiligen Erhard gewidmet ist, ein eigenartiges Profil verleiht.
Endlich, der Maurer Hauptplatz. Er gilt noch immer als Zentrum des Weinortes, obwohl die historische Bausubstanz größtenteils nicht mehr vorhanden ist. Ein Haus sticht hervor, Maurer Hauptplatz 10. Über dem originalen Hoftor erblicken wir das Wappen der Familie Mack, die bis 1848 die Grundherrschaft in Mauer innehatte. Und was könnte für einen Hauptplatz und ein funktionierendes Dorf noch charakteristisch sein? Eine Baumpresse aus dem Jahr 1800, die uns verdeutlicht, dass wir uns inmitten eines Weingebietes aufhalten.

Wir erblicken auch ein Kriegerdenkmal mit dem irritierenden Text: „Den unbesiegt gefallenen Helden von Mauer bei Wien". Helden oder Opfer, vielleicht auch Täter, gefallen sind sie jedenfalls im Ersten Weltkrieg, im Zweiten Weltkrieg gehörte Mauer ja schon zu Wien.

Außerdem gibt es hier ein Büro des „Wiener Vereins", der Bestattungsvorsorge – also alles, was man halt so braucht im Leben, ob man jetzt in Wien lebt oder nicht. Einen Greißler gibt's hier nicht. Den gibt es in Österreich in keinem Dorf mehr, und wenn doch, so heißt er Nahversorger.

Bus- und Straßenbahnhaltestellen – sind vorhanden.

Eisgeschäft – ist vorhanden.

Bäckerei – ist vorhanden. Café inklusive.

Marktstanderln – sind zu bestimmten Zeiten vorhanden.

Sitzbankerl – sind vorhanden.

Eine Buschenschank – ist zeitweise vorhanden und nennt sich Heuriger Zahel.

Werte Leserin, werter Leser, nun sind Sie dran, wir bitten Sie um Fortsetzung der Aufzählung zur Komplettierung der wunderbaren Dorftotalität.

Und nun folgt die nächste Erschließungsachse von West nach Ost. Sie heißt Maurer Lange Gasse und orientiert sich nach dem aktuellen Geschmack des Weintrinkers. Der kann auf den Berg hinaufwandern, um beim Edlmoser, beim Lentz oder beim Grausenburger Unterschlupf zu finden. Oder er wendet sich talwärts, also gegen Osten, um beim Weindorfer, beim Hofer oder beim Stadlmann einzukehren. Egal wo man jetzt sitzt: Man sollte sich den Kadolzberger auf der Zunge zergehen lassen. Falls sich dabei Ihr onomatologisches Interesse regt: Der Kadolzberg leitet sich von einem alten dort ansässigen Adelsgeschlecht ab und gestattet zweierlei Schreibweisen:

Auch Mauer, einst bei Wien, hatte am Ende des 19. Jahrhunderts eine „Schwidernoch-Karte"; damals beschrieb man die Vorderseite von Ansichtskarten und schickte Grüße.

Kadolz sowie Kadoltz. Dem nächsten Glaserl stehen zumindest keine Wissensdünkel mehr im Wege.

Wer hinaufgeht zum Edlmoser, der kann auch als mystisches Alternativprogramm auf den Georgenberg weiterwandern und in die wuchtigen Betonquader der Wotrubakirche einkehren. Einen ähnlichen Weg beschritten im September des Jahres 1970 Fritz Wotruba und Margarethe Ottillinger, die ein Gelände für den Kirchenbau suchten – und die Kuppe des Georgenberges für geeignet fanden: Liebliche Wiesen, unverbautes Gelände, Reste der Anlagen der Flak-Geschütze, die 1945 Wien vor den Fliegerangriffen der alliierten Verbände schützen sollten. Margarethe Ottillinger – bereits mit

27 Jahren Sektionsleiterin im Ministerium für Vermögensbildung und Wirtschaftsplanung – wurde am 5. November 1948 von den sowjetischen Behörden auf der Ennsbrücke, der damaligen Zonengrenze, verhaftet und später in Moskau zu 25 Jahren Haft verurteilt – wegen Spionage. 1955 wurde sie jedoch vom sowjetischen Höchstgericht rehabilitiert, da die 1948 gegen sie erhobenen Beschuldigungen jeder Grundlage entbehrten. Bis heute sind die näheren Umstände ihrer Verhaftung nicht geklärt. Zurück in Österreich wollte sie ein Zeichen ihres in den Lagern gewachsenen Glaubens setzen und mit dem nicht-gläubigen Bildhauer Fritz Wotruba fand sich ungleiches Paar, um Unvergleichbares zu schaffen – die Wotrubakirche.

Nach den obligatorischen Grundstücksverhandlungen wurde 1974 mit dem Bau der Kirche begonnen. Während der Bauarbeiten starb Fritz Wotruba am 28. August 1975. Vierzehn Monate später – am 24. Oktober 1976 – wurde die Kirche eingeweiht. Am 30. November 1992 starb Margarethe Ottillinger.

Die Kirche lebt von eigenartigen Spannungen: 152 Betonquader, dazu 118 Glasfelder, asymmetrisch zusammengesetzt. Voller Wucht und Dynamik, blickt man von außen auf die Kirche, aber gleichzeitig voller Demut und Bescheidenheit, wenn man hineingeht und – wie ein armer Schlucker – diese Wucht und Dynamik auf sich wirken lässt.

Hetzendorf

Zwischen Modeschule und Rosenhügel

Wir wollen uns nicht auf etymologischem Wege dem Ort annähern, da würden wir ganz schön ins Stolpern kommen. Mit einer Hetz oder gar einer Tierhetz hat der Ortsname überhaupt nichts zu tun, und das sattsam bekannte Hetztheater in Wien befand sich bekanntlicherweise im 3. Wiener Gemeindebezirk. Da wir wieder bei Felix Czeike nachgelesen haben, können wir ausschließen, dass ein Zusammenhang zwischen dem Ortsnamen und einem Hervicus von Hetzendorf besteht. Daran ändert auch die hetzendorferische Existenz der Hervicusgasse nichts. Hingegen gilt als die älteste nachweisbare Nennung des Ortes eine Urkunde des Jahres 1140, in der ein Hercindorf auftaucht. Die Grundherrschaft übte damals das Chorherrnstift Klosterneuburg aus.

Hetzendorf war eigentlich kein Dorf, sondern eine Abfolge von passablen Landhäusern, von Villen. Es ward aufgespannt entlang zweier Achsen. Da hätten wir die erste: kurvenlos, linear, von gerader Bestimmtheit. Sie führte vom Schloss Schönbrunn, von der heutigen Grünbergstraße, direkt zum Schloss Hetzendorf, punktgenau zu den Gitterstäben des Eingangstores. Wir sprechen von der Schönbrunner Allee, die bis heute von Kastanienbäumen gesäumt ist.

Imperiale Totale von Schloss Hetzendorf: Wo heute die Modeschule ist, logierte früher Kaiser Joseph II., der Sohn von Maria Theresia.

Warum die Schönbrunner Allee? Ein Sigismund Graf von Thun und Hohenstein ließ im Jahre 1694 an dieser Stelle aus mehreren Einzelhöfen ein Jagdschlösserl errichten, er nannte es logischerweise Thunhof. Als Architekt des Thunhofes wird Johann Bernhard Fischer von Erlach genannt. Nach mehreren Umbauten – für eine zwischenzeitliche Gestaltung sorgte Johann Lucas von Hildebrand – erwarb die damals noch junge Monarchin Maria Theresia im Jahre 1742 das Anwesen. Sie ließ es 1745 von Nikolaus Pacassi als Alterswohnsitz für ihre Mutter ausbauen. Nach deren Tod diente der längst zu einem Schloss, zum Hetzendorfer Schloss, mutierte Prachtbau mit seinen 150 Zimmern zeitweise als Wohnsitz ihres Sohnes, des Kaisers Joseph II.

Ab 1835 wurde es von den regierenden Habsburgern als Gästehaus für kaiserliche Besucher verwendet, die vom Schloss Schönbrunn aus die gerade Strecke benutzen konnten und so vor verkehrstechnischen Verirrungen in unbekannte Nachbargefilde gefeit waren. Im Jahre 1919 wurde die Barockanlage – so wie der gesamte habsburgische Besitz – von der Republik Österreich übernommen. Von 1923 bis zu seinem Tod im Jahre 1934 wurde ein Teil des Schlosses vom Bildhauer Anton Hanak bewohnt – jenem Anton Hanak, Lehrer von Fritz Wotruba, dessen „magna Mater" nunmehr im Maurer Rathauspark aufgestellt ist.

Schließlich pachtete 1946 die Gemeinde Wien das Schloss. Heute beheimatet es die Modeschule Hetzendorf der Stadt Wien.

Die zweite Erschließungslinie, normal zur monarchistischen Schönbrunner Achse, war die heutige Hetzendorfer Straße, vor der Eingemeindung nach Wien kurz und bündig als Hauptstraße bezeichnet. Wir können sie als großbürgerliche Strecke bezeichnen, und im Gegensatz zur feudalen Geradlinigkeit der anderen Achse kann sie sogar mit ein paar leichten Schwenkern unsere Aufmerksamkeit gewinnen. Via Parzellierung und anschließender Verbauung umfasste sie ursprünglich den kleinen Bereich zwischen Boërgasse und Hervicusgasse, später sollte sie bis zur Bezirksgrenze, sprich bis zur Atzgersdorfer Straße, reichen.

Der Straßenbahnbetrieb und somit die verkehrstechnische Anbindung sowohl an den Bezirkskern in Meidling als auch an die Stadt Wien wurde am 30. April 1904 aufgenommen. Die Unterfahrung der Trasse der Südbahn war wegen der Enge der Brücke ein mit Ingrimm zur Kenntnis genommenes Verkehrshindernis, die Straßenbahn konnte auf nur einem Gleis durch die Brücke der Südbahn bimmeln.

Natürlich entstanden längs der Hetzendorfer Straße in den verschiedenen historischen Perioden zur Zeit passende Neubauten, sodass wir heute einen Mix vorfinden: viele zweigeschossige Häuser aus dem Biedermeier und wenige Bauten aus den Gründerzeitjahren wechseln einander ab, die Wohnflächen aus den 1970er-Jahren sind bereits räumlich zurückgezogen, sie verbreitern also die Straße und ermöglichen Freizonen und Grünflächen.

Wir halten beim Haus 75a: Eine Gedenktafel erinnert an den Aufenthalt von Ludwig van Beethoven. Später war hier ein Kino namens Hetzendorfer Lichtspiele untergebracht.

Am Haus 90 an der Kreuzung zur Schönbrunner Allee finden wir an einem zweigeschossigen Haus eine Gedenktafel für Hugo Wolf (1860–1903), der hier im Jahre 1876 seinen Sommer verbrachte. Das Haus 92 ist der Gallhof mit dem einst beliebten Café Siller.

Schlussendlich fast schon am Bezirksende auf Nummer 163 folgt der Johann-Resch-Hof. Dieser wurde nach dem Zweiten Weltkrieg, konkret zwischen 1950 und 1952, errichtet. Sein Namensgeber Johann Resch (1890–1960) war von 1927 bis 1934 Direktor der städtischen Straßenbahnen, nach der Befreiung im Jahre 1945 wurde

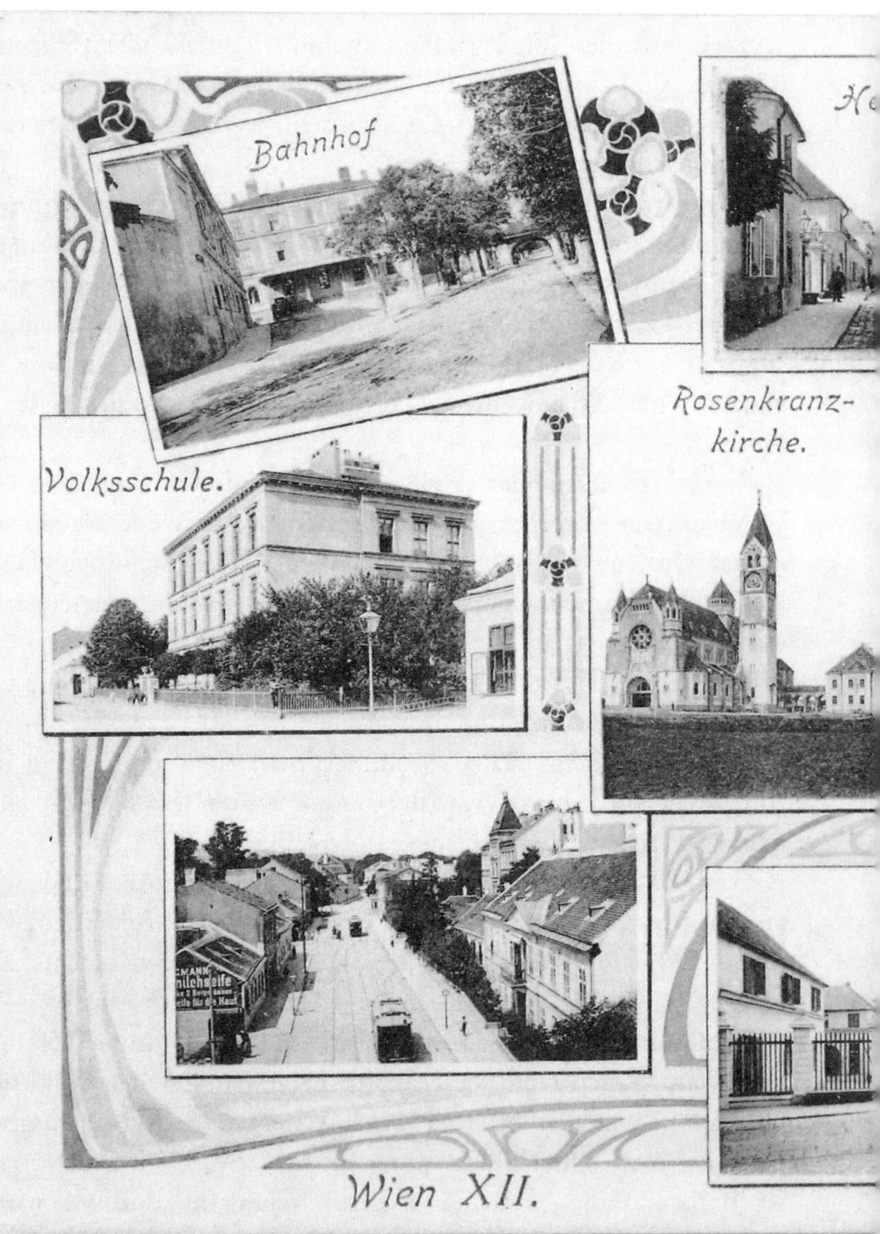
Bahnhof
He
Rosenkranz-
kirche.
Volksschule.
Wien XII.

Hetzendorfer-
straße.
Volks- und
Bürgerschule.
Panorama.
Breitenfurter-
straße.
Hetzendorf

er wieder in dieses Amt berufen. Zudem fällt uns auf: der „Bär", eine Skulptur der bekannten österreichischen Bildhauerin Elisabeth Turolt (1902–1966), die den öffentlichen Raum in Wien mit verschiedenen Tierskulpturen förmlich belebte. Ihren Bären sichten wir in der Münchenstraße, ihr Hirsch befindet sich in Dornbach an der Adresse Alszeile 95–99.

Noch etwas gibt es in Hetzendorf. Die Siedlung Am Rosenhügel. Ein zweites Dorf in Hetzendorf, das jedoch andere Ziele, andere Lebensumstände und andere Gestaltungen für sich reklamieren wollte. Eine Reihenhaussiedlung mit insgesamt 543 Häusern, die 1921 bis 1927 – also kurz nach dem Ersten Weltkrieg – entstand. Die mittellosen Siedlerinnen und Siedler errichteten in Eigenregie in zumeist aufwendiger Handarbeit einfache Häuser mit kleinen Garterln für den Obst- und Gemüseanbau, anfangs war außerdem Kleintierhaltung vorgesehen. Oft wurde die Vergabe der einzelnen Bauten basisdemokratisch erst nach der Fertigstellung der kollektiv errichteten Gesamtanlage bestimmt. Die Gemeinde Wien unterstützte die Siedlungsbewegung, um die anfänglichen „wilden Bauten" in geordnete Bahnen zu lenken. Im Roten Wien bevorzugte man jedoch eher das Prinzip Gemeindebau oder Gemeindehof, also hochgezogene Bauten, die zumeist einen geräumigen Innenhof umschlossen. Das Prinzip Gartenstadt oder Gartensiedlung wurde in nur wenigen Fällen umgesetzt.

Aber wir müssen nun hinauf auf den Gipfel des Rosenhügels, in historischen Zeiten auch Rosenberg genannt. Hier erblicken wir eine kolossale Skulpturengruppe: Die Ziegelschupferinnen. Ja, die Ziegelschupferinnen! Diese haben nichts mit den böhmischen Ziegelarbeitern zu tun, sondern mit den Frauen, die bei der Errichtung der Siedlung Am Rosenhügel ihre Arbeiterinnenhand anlegten. Wir erkennen fünf Frauen, die Ziegel weiterreichen,

Ansichtskarte mit Infos zur Geschichte des Gallhofes an der Kreuzung Hetzendorfer Straße (Nr. 92) mit der Schönbrunner Allee (Nr. 56).

stapeln, und damit nach vorgefasster Meinung typische Männerarbeit verrichten. Geschaffen wurde die Skulpturengruppe vom Bildhauer Oskar Höfinger im Jahre 1985. Wer möchte, kann nach einem Ziegel greifen und weitermachen.

Und noch etwas: Hier, auf dem Gipfel des Rosenhügels, stoßen drei Bezirke zusammen. Wir verweilen noch in Meidling, im 12. Gemeindebezirk. Vis-à-vis befindet sich die Gaststätte „Zu den drei Linden“ bereits in Liesing, im 23. Bezirk. Im Westen erreichen wir mit drei Schritten den Bezirk Hietzing, also den 13. In welchem der drei Bezirke sollen wir zu Tale gleiten?

Lainz

Mehrfache Spitalsmetamorphosen

Wir verharren in der Lainzer Straße. Eingebettet zwischen dem Küniglberg im Osten und den Hügeln des Wienerwaldes im Westen entstand hier an einer Schnittstelle das alte Luentz, 1313 erstmals urkundlich erwähnt. Wir können den Althausbestand und somit die Lage des alten Dorfes eingrenzen. Er liegt zwischen der Jagdschlossgasse, die nach Ober Sankt Veit führt, und der

Versorgungsheimstraße, sein Zentrum heißt seit einigen Jahren Kardinal-König-Platz.

Aber erst einmal eine kurze Gedankenpause, der k. u. k. Tiergarten, so seine amtliche Bezeichnung, gehörte ursprünglich nicht zu Lainz. Erst als 1918 für alle Zeiten Schluss war mit dem Kaiserhaus und damit auch mit allen k. u. k. Besitzungen, erhielt die damals nicht frei zugängliche Waldlandschaft die Bezeichnung „Lainzer Tiergarten".

Die Versorgungsheimstraße führte auf direktem und kürzestem Wege zum 1904 gegründeten Versorgungsheim. Früher befand sich eine damals sogenannte „Privat-Irrenanstalt" auf dieser Fläche. Jenes Versorgungsheim wurde 1913 – kurz vor Beginn des Ersten Weltkrieges – mit 29 Pavillons und weit angelegten Parkanlagen eröffnet und

Allgegenwärtiger Kaiser: Selbstverständlich durfte der Monarch auch im Lainzer Versorgungsheim nicht fehlen.

hieß zuletzt „Geriatriezentrum am Wienerwald". Benachbart befand sich das Kaiser-Jubiläums-Spital, für das am 20. Oktober 1908 der Grundstein gelegt wurde. Später hieß es „Krankenhaus Lainz" und sollte für Generationen von Wienern eine fixe Andockstelle bei Krankheiten und ähnlichen Gebrechen werden. Manche können sich noch an die Schmalspurbahn erinnern, die die einzelnen Pavillons miteinander verband. Die Lokomotive ist heute im Technischen Museum ausgestellt, die Remise der Bahn ist östlich des Pavillons mit der Nummer 11 noch vorhanden. Dann erfolgte eine erneute Namensänderung: Möglicherweise wurde wegen der in den Jahren 1983–1989 in besagtem Spital begangenen Morde das „Lainz" aus dem Namen gestrichen. Im April 1989 wurden vier Hilfsschwestern festgenommen und anschließend des 42-fachen Mordes bzw. Mordversuches angeklagt und schuldig gesprochen, wobei die genaue Anzahl der Opfer bis heute unbekannt ist. Heute besuchen wir das Krankenhaus Hietzing und wundern uns über die Spitalsmetamorphosen.

Gehen wir die Versorgungsheimstraße entlang, so streifen wir die Siedlung Lockerwiese. Im Gegensatz zu den um einen Innenhof konzipierten riesigen Gemeindehöfen entstand hier die zweitgrößte Gartensiedlung Wiens. Die 602 Einfamilienhäuser reihen sich mit ihren kleinen Gärten in aufgelockerter Bauweise an den welligen Straßen aneinander. In diesem erquicklichen Erschließungsfeld verkehrten Helmut Qualtinger – seine erste Frau Leomare wuchs auf der Lockerwiese auf – sowie der Maskenbildner Ladislaus Valicek. Für die Wiener Filmstudios am gar nicht weit entfernten Rosenhügel zeigte er in insgesamt 35 Filmen sein handwerkliches Können.

Zurück in den historischen Ort Lainz und zum Kardinal-König-Platz. Hier überquert die heutige Lainzer Straße den Lainzer Bach. Diesen erspähen wir noch beim in den Tiergarten führenden Lainzer Tor, nach seiner Einbettung bei der Ebersberggasse dreht er

Die dem hl. Karl Borromäus geweihte Versorgungsheimkirche mit ihren 54 Meter hohen Türmen wurde von 1902 bis 1904 errichtet und fällt in die Ära von Bürgermeister Karl Lueger.

dann nach Norden, um anschließend mehr oder weniger unterhalb der Lainzer Straße bis zur Adresse Am Platzl zu fließen. Von dort hat er nicht mehr weit zum Wienfluss. Deshalb steht an oben erwähntem Platz die Statue des hl. Nepomuk.

Kurzfristig verlieren wir die Übersicht, da wir gleich zwei Kirchen erblicken. Zur Erklärung: Die größere mit dem Turm ist die ehemalige Lainzer Pfarrkirche, 1421 bis 1428 errichtet und der Allerheiligsten Dreifaltigkeit geweiht, nach mehreren Zerstörungen 1736 in der heutigen Form fertiggestellt, 1974 von Kardinal König an die syrisch-orthodoxe Kirche – genauer der Gemeinde St. Ephrem – übergeben.

Und dann die kleinere ohne Turm weiter hinten auf dem Platzl. Das ist die Konzilsgedächtniskirche, errichtet in den Jahren 1967 und 1968 nach Josef Lackners Entwurf von 1966, einem Schüler von Clemens

Holzmeister. Die Einweihung fand am 22. Juni 1968 statt. Damals tagte das Zweite Vatikanische Konzil, deshalb einigte man sich auf den etwas sperrigen Namen „Konzilsgedächtniskirche". Auf der Vorderseite erblicken wir das Mosaik des Weinviertler Malers Hermann Bauch, bekannt durch seinen Himmelkeller in Kronberg nordwestlich von Wolkersdorf. Im Mosaik werden Motive des Kreuzes mit Blumenmotiven zu einer dekorativen Einheit gereiht. Der quadratische Kirchenraum besticht durch seine Wände mit den in der Form voneinander immer etwas abweichenden Leichtbetonblöcken. So entsteht ein Raum, der von oben belichtet wird und der durch das Zusammenwirken von Licht und Beton die Botschaft vermittelt: Die Starre bricht. Wir sind in Bewegung. Oder in den Worten des Pfarrers Gustav Schörghofer: „Im Grunde ist die Konzilsgedächtniskirche ein Bau des Anfangs."

Die Lainzer Pfarrkirche (hl. Dreifaltigkeit) geht auf das 15. Jahrhundert zurück, erhielt 1736 ihre heutige Form und wurde 1974 an die syrisch-orthodoxe Gemeinde übergeben.

Wie wir wissen, gibt es keinen Dorfplatz ohne Dorfwirtshaus, denn mit dem Verschwinden der Dorfwirtshäuser verliert sich auch das gemeinsame Dorfleben. Also hinein zum Wambacher auf der Lainzer Straße 123. Der Einfachheit halber gibt's dort das Wambacher-Schnitzel, das Wambacher-Cordon-bleu und das Wambacher-Hauerpfandl. Kulinarisch ist der Boden in Lainz somit aufbereitet.

Wie jedes Dorf benötigte auch Lainz einen Eisenbahn- oder Straßenbahnanschluss, um nicht in der singulären Bedeutungslosigkeit zu versinken. Bereits am 27. Oktober 1883 wurde die Dampftramway – sie wurde mit dem englischen Begriff bezeichnet – von Hietzing über Lainz und Mauer bis nach Perchtoldsdorf eröffnet und von der Linzer Firma Krauss & Comp. betrieben. Das pfauchende und schmauchende Trumm an des Zuges Spitze dürfte jedoch nicht zur ungetrübten Freude der Anrainer geführt haben.

Diese Strecke wurde 1907 kommunalisiert, das ehemals eigenständige Lainz gehörte ja ab 1892 zum Wiener Stadtgebiet. Kurz darauf, im Jahre 1912, wurde die Stecke elektrifiziert und ebenfalls ab 1912 fuhr die Bim mit der Nummer 60 von Hietzing bis nach Mauer.

Auch die Verbindungsbahn tangierte den Ort Lainz. Allerdings befand und befindet sich die gleichnamige Haltestelle im angrenzenden Speising. Man kann jedoch von der Haltestelle mit ein paar Schritten das Zentrum von Lainz erreichen. Früher konnte man alternativ im Gasthaus Schlusche einkehren. Das Nachfolgelokal unter neuer Leitung wird von den ehemaligen Stammgästen jedoch gemieden.

Ober und Unter Sankt Veit

Oben Villen, unten Fahrzeuge

Da oben am Bergl, da stand dereinst die Kultstätte eines slawischen Gottes. Sie wird auf die Zeit um 800 datiert. Der besagte Gott trug den Namen Svatovit, sein Kulttag wurde am 21. Juni begangen. Wir erinnern an jenen den Serben heiligen Vidovdan, also den Veitstag, der aufgrund der Zeitverschiebung im Julianischen Kalender in der orthodoxen Christenheit am 28. Juni gefeiert wird. Weil der Thronfolger der Monarchie, Franz Ferdinand von Este, ausgerechnet am Vidovdan des Jahres 1914 die Stadt Sarajevo besuchte, schlug eine serbische Studentengruppe zu und erschoss den Thronfolger ...

Zurück auf unser Bergl. Als die Heerscharen der Christen die alte Kultstätte in Besitz nahmen, verwandelten sie den Svatovit in einen sprachlich naheliegenden Sanctus Vitis – Sankt Veit ward geboren.

Auf dem Abhang des Berges baute man eine bereits 1260 urkundlich genannte Kirche, die nach der Zerstörung durch den Türkenkrieg des Jahres 1683 vom auf Kirchenbauten spezialisierten Baumeister Mathias Gerl neu errichtet wurde. Der Neubau im barocken Stil erstreckte sich auf die Jahre von 1742 bis 1745, und da die Kirche dem heiligen

Bergblick von der Hietzinger Hauptstraße zur barocken Pfarrkirche St. Veit in Ober St. Veit. Reste der Straßenbahngleise finden sich heute auf der Nebenfahrbahn.

Veit geweiht ist, wurde diesem ein überdimensionales Altarbild gewidmet, das sein Martyrium darstellt. Hinter der Kirche ward ein Schloss errichtet, das Herzog Rudolf IV. 1365 dem Kapitel zu St. Stephan, also dem späteren Erzbistum, schenkte. Die Grundzüge der heutigen Anlage stammen aus der Zeit von 1650 bis 1654: Bischof Philipp Graf Breuner ließ einen repräsentativen barocken Prachtbau errichten – nur der Turm wurde später wieder abgetragen. Diese Villa diente dem jeweiligen Erzbischof von Wien als Sommerresidenz, die sich inmitten kühlender Wälder und entzückender Bergkuppen erstreckte. Dazu kam noch ein breit angelegter Garten im Westen des Schlosses.

Fortan forcierte das Erzbistum die Landwirtschaft, ließ Weinstöcke pflanzen, nutzte brache Wiesen und errichtete zwei Meiereien. Bis dahin hatten einige Adelige die idyllische Landschaft um Sankt Veit genutzt, um dort im Wirkungsbereich ihres Bischofs ihre Sommerfrische zu verbringen. Doch nun ließen begüterte Bürgerliche auf den Hügeln des Trazerberges und des Girzenberges und in den Niederungen dazwischen ihre ganzjährig bewohnten Villen – zumeist im damals modernen Schweizer Stil – erbauen: Sankt Veit erhielt seine ersten systematischen Konturen.

Wir werfen einen Blick in den franziszeischen Kataster des Jahres 1829: Eine lange Gerade führt von Hietzing zum Kirchenplatz, unterhalb des Schlosses erreicht man auf der Einsiedeleigasse den Trazerberg, nach einer angedeuteten Felskante weist die Schweizertalgasse – woher der Name kommt, wissen Sie nun bereits – über die Ghelengasse zum Stock im Weg. Drei der vielen Villen wollen wir erwähnen. Einmal die Villa Bahr, in der der Erfolgsautor Hermann Bahr residierte. Errichtet wurde sie von Josef Olbrich, bekannt durch den Bau der Wiener Secession, nach dem er in Wien keine Aufträge mehr erhielt, so findet es sich in vielen Quellen. Mitnichten. An der Ecke Winzergasse–Veitlissengasse errichtete er die Villa Bahr, mit einem gefälligen Auge im Satteldach, einem ovalen Fenster im braunen Rahmen, durch das die Hausgeister konsterniert oder erfreut die Nachbarvillen mustern können.

Weiters wohnte der Staatsopernsänger Anton Dermota, ein gebürtiger Slowene aus dem Gebirgstal Kropa, in der Hagenberggasse 36. Bekannt wurde er als Florestan in Beethovens Fidelio, mit dessen Inszenierung die Staatsoper 1955 neu eröffnet wurde. Der Schriftsteller Elias Canetti residierte in der Hagenberggasse 47.

Freilich tauchte bald das Pendant zum heutigen Ober Sankt Veit auf: Unter Sankt Veit. Wie Oberlaa und Unterlaa. Wie Oberstinkenbrunn und Unterstinkenbrunn. In Unter Sankt Veit siedelten sich viele Handwerker und Gewerbebetriebe an. Der Gegensatz zum adelig-großbürgerlichen Ober Sankt Veit war so groß, dass im Jahre 1867 sogar eine Trennung der beiden Gemeinden erfolgte. Die Trennung

Blick über das weite Wiental mit der Kirche von Ober St. Veit im Vordergrund in Richtung Hütteldorf am Gegenhang.

wurde jedoch obsolet, als 25 Jahre später, im Jahre 1892, die Eingemeindung beider „Veite" ins Wiener Stadtgebiet vollzogen wurde.

Von den vielen Betrieben in Ober Sankt Veit müssen wir einen unbedingt erwähnen: die Waggonfabrik Rohrbacher, Adresse Hietzinger Hauptstraße 119, mit den Lohner-Werken eine der größten Waggonfabriken der damaligen Zeit. Der Firmengründer Josef Rohrbacher kaufte einen ca. viereinhalb Joch großen Grund in der Maria-Theresien-Straße 36 – heute Hietzinger Hauptstraße 119 – um 4.000 Gulden. Die neue Großanlage mit Wohn- und Fabriksgebäude, Garten etc. wurde großzügig geplant. Die Waggonfabrik spezialisierte sich erst auf die Erzeugung von „Equipagen" für Privatkunden, dann folgte man zumeist öffentlichen Aufträgen: In der Fabrik entstanden Post- und Feldbahnwagen, Omnibusse, Möbelwagen, Geschäftswagen aller Art

In Unter St. Veit wohnte und verstarb auf der Adresse Hietzinger Hauptstraße Nr. 114 der Maler Egon Schiele.

(besonders für die Wiener Molkerei), elektrische Straßenbahnwagen der Neuen Wiener Tramway sowie der Straßenbahn in Gmunden. Im Zweiten Weltkrieg wurden vor allem Aufbauten für Lastkraftwagen der Saurerwerke produziert. Doch in Zeiten der Verbrennungsmotoren konnte sich ein ehemaliger Kutschenbetrieb nicht mehr halten. Im Jahr 1969 wurde die Produktion endgültig eingestellt, und 1976 wurden Fabrik- und Wohntrakte abgebrochen. Heute steht an dieser Stelle ein Riesenkomplex mit Versicherungen und Immobilienfirmen.

Nun folgt unser Lokalaugenschein beim Beginn von Ober Sankt Veit, der beim Schranken – einem der letzten Bahnschranken im Wiener Stadtgebiet – beginnt.

Heute biegt die Straßenbahn vor dem Schranken in die Hummelgasse ab, doch damals brachte sie die Passagiere bei der Waggonfabrik Rohrbacher vorbei die Steigung hinauf bis zum Wolfrathplatz.

In Ober Sankt Veit, genauer auf Nummer 101, bezog Egon Schiele sein Atelier. Er wohnte mit seiner Ehefrau Edith Harms auf der anderen Straßenseite auf Nummer 114 in der Wohnung seines Schwiegervaters. Dort starb er auch am 31. Oktober 1918 an der damaligen als Spanische Grippe bezeichneten Pandemie, drei Tage nach dem Tod seiner schwangeren Frau.

Wir wandern über die schon erwähnte Einsiedeleigasse zum Gemeindeberg und betreten gefasst das Friedhofsgelände. Zu unserer Überraschung treffen wir auf das Grab des bekannten Städteplaners Roland Rainer. Doch wir schreiten weiter zum Schiele-Grab: in Stein eingefasst eine nackte männliche Gestalt, zu der sich eine ebenso nackte weibliche Gestalt wendet. Darunter die Namen: Egon Schiele 1890–1918, Edith Schiele 1893–1918. Es findet sich stets Blumenschmuck vor dem vom ungarischen Bildhauer Benjamin Ferenczy gestalteten Grabmal. Seitlich davor eine Laterne mit einer brennenden Kerze und dem Foto eines kläglich blickenden Egon Schieles.

Gaudenzdorf

Das Vorbeifahrdorf

Wo ist Gaudenzdorf? Wohl dort, wo der Gaudenzdorfer Gürtel ist. Aber wer bleibt schon am Gaudenzdorfer Gürtel stehen, wer sucht dort ein Dorf? Eine andere Möglichkeit das Dorf zu erkunden wäre die Schönbrunner Straße, sie führt vom Westen Wiens ins Zentrum. Ihre Seitengasssen erzählen die Geschichte(n) von Gaudenzdorf.

Beginnen wir bei der Michael-Bernhard-Gasse, das ist die zweite Seitengasse nach dem Meidlinger Bezirksamt. Der Namenspate, Michael Bernhard, war der letzte Bürgermeister von Gaudenzdorf, er bekleidete dieses Amt von 1881 bis 1891. Bernhard war gebürtiger Weinviertler, er hatte am 10. Mai 1819 in Ruppersthal das Licht der Welt erblickt. Bereits ein halbes Jahr nach seinem Tod wurde die damalige Mineralbadgasse nach ihm benannt. Michael Bernhard und seine Frau Anna waren karitativ tätig und errichteten eine Stiftung für Arme und Waisen.

Wir bewegen uns weiter Richtung Zentrum, es sind nur noch ein paar Schritte bis zur Gierstergasse. Damit sind wir bei Josef Leopold Gierster, dem ersten Bürgermeister von Gaudenzdorf von 1850 bis

Die Namen der Nebengassen der stadteinwärts führenden Schönbrunner Straße erzählen die Geschichten der einstigen Gaudenzdorfer Bürgermeister.

1861. Gierster war eine schillernde Persönlichkeit, er war etwa Hauptmann des Bürgergarde-Corps. Aber viel wichtiger noch, zumindest für die Gaudenzdorfer: Er war Hofbräumeister und außerdem Brauhausbesitzer. Wie der letzte, war auch der erste Gaudenzdorfer Bürgermeister ein Wohltäter. Nachdem das Attentat auf Kaiser Franz Joseph I. am 18. Februar 1853 vom Fleischermeister Ettenreich vereitelt worden war, wurden zahlreiche Wohltätigkeitsveranstaltungen verordnet, die Dankbarkeit für das Überleben des Kaisers bezeugen sollten. Gierster tat dies auf seine Weise: „Der Hofbrauer Herr Joseph Gierster zu Gaudenzdorf hat als Bezeigung des Freudengefühls über die glückliche Rettung Sr. k. k. Apostolischen Majestät dem hiesigen Invalidenhause 10 Eimer Kaiserbier zur Vertheilung an die in loco befindliche invalide Mannschaft gespendet." (*Salzburger Zeitung*, 12. März 1853). Damals war es auch üblich, Spenden für die Armen Wiens zu sammeln, damit diese sich einen Christbaum kaufen konnten. Wieder muss Gierster genannt werden, als Organisator wie auch als großzügiger Spender.

Die nächsten drei Gassen sind nach bedeutenden Männern mit öffentlichen Ämtern benannt. Die Aichhorngasse, vormals Feldgasse, trägt den Namen von Josef Aichhorn (1823--1889), einem langjährigen Mitglied der Gemeindevertretung und Gaudenzdorfer Vizebürgermeister in den Jahren 1880 bis 1889. Mit Adam Kobinger (1772–1841), sprich der Kobingergasse, haben wir wieder einen Hausbesitzer und Pottascheerzeuger, obendrein bekleidete er in der Frühzeit des Ortes (um 1819) das Amt des Ortsrichters. Auch Johann Korber, seines Zeichens Gemischtwarenhändler, war in den Jahren 1847/1848 Ortsrichter. Das Ortsrichteramt war offenbar, dies belegen die Beispiele der beiden Herren, eine Nebentätigkeit. Der Wiener Stadtrat würdigte am 5. Juli 1894 Herrn Korber und benannte die Korbergasse nach ihm – damit war die vormalige Bäckergasse Geschichte.

Mit der nächsten Gasse, der Steinhagegasse, sie hieß bis 1894 Gärtnergasse, werden wir mit dem nächsten Bürgermeister konfrontiert. Johann Steinhage (1807–1880) war von 1861 bis 1880, also nach Josef Leopold Gierster und vor Michael Bernhard, Bürgermeister von Gaudenzdorf. Jetzt trennt uns nur noch die Kollmayergasse vom Gaudenzdorfer Gürtel. Herr Friedrich Kollmayer war selbstverständlich ebenfalls Ortsrichter in Gaudenzdorf, und zwar 1846/1847.

Dass der heutige Gürtel dem einstigen Verlauf des Linienwalls folgt, gehört zum A und O der Wiener Allgemeinbildung. Innerhalb des Gürtels liegen die Vorstädte, außerhalb die Vororte, diese topografische Nomenklatur ist ebenfalls bekannt. Diese zwei Welten waren vor allem für den Handel mit Waren wichtig. Alles, was von den Vororten in die Vorstädte geführt wurde, war zu verzollen, Stichwort „Verzehrsteuer". Auf den Punkt gebracht: Vor der Linie, so die Wiener Diktion von damals, lebte es sich billiger.

Suchen wir nun ein typisches Einkehrgasthaus außerhalb der Linie auf. August Stauda, jener Fotograf, dem wir unzählige Wienfotos verdanken, lichtete am Beginn des vorigen Jahrhunderts ein Gasthaus an der Adresse Gaudenzdorfer Gürtel 17 ab, dem ehemaligen Linienwallplatz 15. Heute ist es längst verschwunden. Der Haydnhof, eine 1928/1929 errichtete Wohnhausanlage des Roten Wien, steht nun an dieser Stelle. Zu Beginn des 20. Jahrhunderts betrieben hier Franz Rain und seine Frau Crescentia ein erfolgreiches Wirtshaus. Wiederholt lesen wird von Versammlungen und Veranstaltungen, die in den großen Räumlichkeiten, die 400 bis 500 Personen Platz boten, abgehalten wurden. Im Februar 1903 gab es in der Familie ein Liebesdrama. Der 23-jährige Sohn des Gastwirtes, Franz Rain, hatte beschlossen, zusammen mit seiner Freundin, der 22-jährigen Mizzi Kaster, aus dem Leben zu schei-

An der Adresse Linienwallplatz 15, heute Gaudenzdorfer Gürtel 17, betrieben Franz Rain und Crescentia Rain ein erfolgreiches Gasthaus.

den. Den Grund erfahren wir im *Znaimer Wochenblatt* vom 14. Februar 1903: „wegen Aussichtslosigkeit, sich zu ehelichen" hatten sie „zu Schußwaffen gegriffen, um gemeinsam den Tod zu finden." Der Wirtssohn hatte nicht genug Geld, um Mizzi zu erhalten und auch Mizzi, einer Chansonettensängerin, fehlten die finanziellen Mittel, um Franz zu ernähren. In einem Abschiedsbrief an seine Eltern beklagte sich Franz, dass sie sich seinem Willen widersetzt hätten, das „Mädchen seiner Wahl zu heiraten". Wahrlich keine leichte Lektüre war also dieser Abschiedsbrief für Franz sen. und Crescentia, die 1898 das Lokal übernommen hatten.

Bleiben wir noch an der Linie und werfen einen Blick auf das Gaudenzdorfer Gaswerk. Es ist heute ebenfalls verschwunden, war aber in der zweiten Hälfte des 19. Jahrhunderts eine der wichtigsten Versorgungseinrichtungen für Stadtgas, das damals vor allem für die Beleuchtung verwendet wurde.

Dazu eindrucksvolle Zahlen aus der Statistik: Das Gaudenzdorfer Werk stellte am 30. Juni 1883 Gas für nicht weniger als 35.577 Flammen – Kubikmeter waren damals noch keine Abrechnungseinheit – zur Verfügung. Acht Jahre zuvor, am 1. Juli 1875, waren es noch 25.764 gewesen. Das Gaudenzdorfer Werk war das größte von acht Werken, die quer über die Monarchie von Brünn, Graz, Pressburg bis Fiume und Kronstadt verstreut waren. Sein Standort war am rechten Ufer des Wienflusses, der heute verbaut ist, etwa auf Höhe der Dunklergasse 4. Zur Gasgewinnung wurde Kohle verwendet, dafür standen drei Öfen mit drei Rauchfängen bereit, das Gas wurde in drei Gasbehältern gespeichert. Errichtet wurde das Werk 1855 von der Österreichischen Gasbeleuchtungs-AG, die es bis Ende 1911 betrieb. Als dann das neue große Gaswerk in Leopoldau in Betrieb ging, wurde jenes in Gaudenzdorf nicht mehr benötigt und deshalb im Jahr 1912 abgerissen.

Wer meint, der Name Gaudenzdorf würde sich von Gaudi, dem wienerischen Ausdruck für Freude ableiten, irrt. Vielmehr wird hier der Klosterneuburger Propst Gaudenz Andreas Edler von Dunkler (1746–1829) gewürdigt. In seiner Ära wurde der Vorort Gaudenzdorf angelegt, der 1819 als Gemeinde bewilligt wurde, ehe er in den frühen 1890er-Jahren eingemeindet wurde.

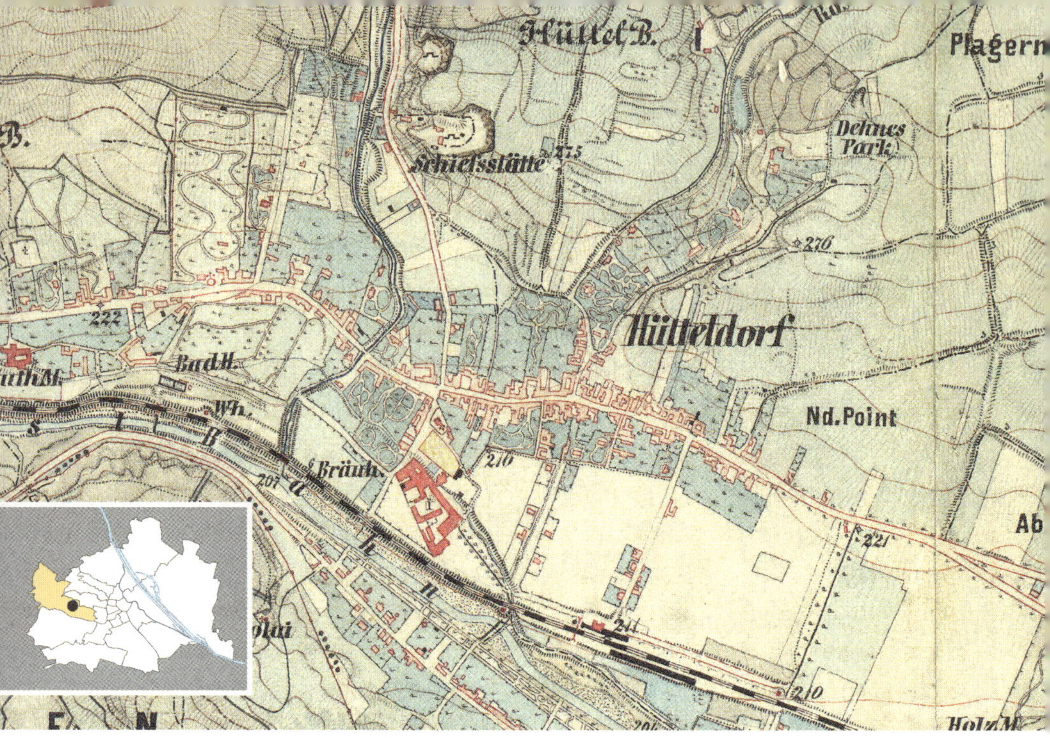

Hütteldorf

Sankt Hanappi schau runter: Wo war hier das Bier?

Kein anderes Dorf identifiziert sich so mit einem Fußballverein wie Hütteldorf. Der Verein heißt zwar offiziell Sportklub Rapid, bejubelt oder notfalls auch ausgepfiffen werden jedoch stets die Hütteldorfer. Dabei ist die lokale Grätzlbindung der Gründerjahre längst nicht mehr vorhanden, es kommen die Fans aus Meidling und aus Favoriten, aus Dornbach und aus Jedlersdorf. Der einzige übriggebliebene

Konkurrent in Wien – die Wiener Austria – wird es wahrscheinlich nie zu einem Favoritner Lokalbezug schaffen.

Besagtes Dorf Hütteldorf taucht bereits 1170 als Ötendorf, später Utelndorf auf. Und damit ist klar: Mit Hütten hat Hütteldorf nichts am Hut, vielmehr mit einem Herrn Outo oder Odilo. Eigentlich kam unser liebenswertes nördlich des Wienflusses gelegenes Dorf vor allem durch seinen an der Westbahn gelegenen Bahnhof zu überregionaler Bedeutung. Den musste es aber mit dem Ort südlich des Wienflusses, mit Hacking teilen, sodass für Wien-Besucher ein duplizierter Name im Bewusstsein hängen blieb, der dann auch für die Endstation der einstigen Stadtbahnlinie WD herhalten musste: Hütteldorf-Hacking.

Als der – man verzeihe die Überschwenglichkeit – Jahrhundertkicker Franz „Bimbo" Binder noch in St. Pölten wohnte und tagtäglich

Längst vergangen sind die Zeiten Hütteldorfer Bierseligkeit, als Herr Bergmiller hier eine Brauerei betrieb.

Hütteldorfer Wientalpanorama, im Hintergrund die dem hl. Andreas geweihte Pfarrkirche von Hütteldorf an der heutigen Adresse Linzer Straße Nr. 424.

mit dem Express der Westbahn nach Wien zum Training tingelte, wusste der Lokführer immer Bescheid. Er bremste beim Passieren des Bahnhofes Hütteldorf-Hacking, „Bimbo“ Binder konnte vom Zug springen und ersparte sich somit den Umweg über den Westbahnhof.

Trotz ihrer verschiedenen Herkunft waren die Kicker stets „Hütteldorfer“. Der Verein pachtete im Jahre 1910 die Pfarrwiese, die von der Pfarre Hütteldorf verwaltet wurde und zwischen der Isbarygasse, der Stockhammerngasse und der Brudermanngasse lag. Im Folgejahr stand auch schon das erste Stadion; gut, verwenden wir passenderweise das Wort „Spielstätte“. Die erste Meisterschaft schloss Rapid hier mit einem Sieg ab. Dahinter reihten sich: Sportklub, WAF, WAC, Vienna, Simmering, Floridsdorf, Amateure, Hertha, Rudolfshügel, Cricket und schlussendlich Viktoria.

In der Zwischenkriegszeit sollte die Bezeichnung „Hütteldorfer“ auch für ein bestimmtes Produkt gelten. Hopfen und Malz benötigte man zur Herstellung, es wurde abgezapft, und in der Regel aus einem

Krügel getrunken: das Hütteldorfer Bier. Die erstaunlich große Brauerei befand sich gleich vis-à-vis der Pfarrwiese, und zwar östlich der Bergmillergasse. Die Fans konnten so nach dem Match bequem zu Fuß in den großen Gastgarten pilgern und nach einem freien Platz Ausschau halten.

Dass zwischen beiden Hütteldorfer Lokalitäten ein sehr enger Zusammenhang bestand, beweist folgender Brief, den der Sportklub Rapid am 3. Juli 1917 während des ersten Weltkriegs an seine Mitglieder verschickte: „Die Meisterschaftssaison 1916/17 ist vorüber und wieder steht unser Sportklub Rapid an der Spitze derselben". Als Adresse wurde angegeben: Sportplatz: Hütteldorf, Pfarrwiese (Brauhaus).

Kurz zur Hütteldorfer Brauerei mit ihrem Standort an der Bergmillergasse: Anton Bergmiller (1821–1870) war sowohl Bürgermeister von Hütteldorf als auch von 1845 bis 1862 Eigentümer der Brauerei. Zu dieser Zeit war sie der größte Betrieb im damals noch eigenständigen Hütteldorf, gerne labten sich die aus der Stadt kommenden Ausflügler im noch ziemlich proletarischen Ort an einem oder auch mehreren „Hütteldorfern". Zurück in die Stadt konnte man nach ein paar Krügerl mit einem Stellwagen fahren, der direkt vor dem Brauhaus startete, in dem übrigens auch Johann Strauß Vater und Joseph Lanner im 19. Jahrhundert gastierten. Im Jahre 1927 kaufte schließlich die Schwechater Brauerei die Konkurrenzanlage in Hütteldorf, um sie nach zehn Jahren, also 1937, zu schließen und aufzulösen.

Zurück zu den kickenden Hütteldorfern. Als kennzeichnend und beispielgebend für die Pfarrwiese möchten wir auf drei Phänomene zurückgreifen:

Da wäre einmal der Pfarrwiesen-Roar. Dieser pfiff den gegnerischen Spielern um die Ohren, oder besser: durch die Ohren der Spieler hindurch, und wurde durch die vertraute Nähe zwischen den Zuseherrängen und dem Spielplatz ermöglicht. Er erinnerte an die Atmosphäre in englischen Stadien, wiewohl kaum jemand der damaligen Fans auf der

Stehplatztribüne diese Atmosphäre eines englischen Stadions kannte.

Dann hätten wir den Tunnel, der die Kabine mit dem geheiligten Rasen verband. Ja, die Kicker mussten einen dunklen und engen Gang passieren, und angeblich soll ab und zu einem der gegnerischen Kicker tatsächlich schwarz vor Augen geworden sein. Und das nicht wegen der Dunkelheit.

Das letzte Phänomen, der Schluss, sprich das letzte Match, erfolgte am 22. April 1978. Die Hütteldorfer siegten über Admira Wacker mit 6:0, wobei ein gewisser Hans Krankl fünf Tore erzielte. Im Jahr 1981 wurde das legendäre Stadion auf der Pfarrwiese abgerissen.

Die Hütteldorfer blieben jedoch in Hütteldorf. Sie zogen ein bisschen ostwärts, ein bisschen stadteinwärts, wo sie einen Platz für ein Stadion vorfanden, das nach dem nächsten ihrer Jahrhundertspieler benannt ward: nach Gerhard Hanappi. Dieser, im Zivilberuf Architekt, hatte jedoch nicht jene Form der Spielstätte geplant, die schließlich gebaut wurde, und wandte sich in der Folge ein wenig von der Klubführung – nicht vom Verein! – ab. Die Fans pilgerten jedoch weiter nach Sankt Hanappi, denn Rapid war ihre Religion. Doch auch dieses Stadion ist inzwischen Vergangenheit. Am 4. Oktober 2014 lud der Verein zu einer legendären Abrissparty ein, das Motto lautete *Mein Stück alte Heimat.* Dabei wurden Sitze, Tornetze und Rasenteile versteigert.

Das neue, an derselben Stelle 2016 fertiggestellte Stadion wurde nicht mehr nach einer Rapid-Legende, sondern nach einer Versicherung benannt. Es wird auch nicht mehr als Stadion, sondern völlig unwienerisch als Arena ausgewiesen. Einen ähnlichen Prozess beobachten wir beim Wiener Komplementärverein, der Austria, deren Kicker ebenso in eine Versicherungsarena einlaufen müssen.

Wer den Unwillen der Fans hinsichtlich der Bezeichnung „Arena“ nicht für möglich hält, der möge in jenes Wirtshaus am Eck des Bahnhofsplatzes (Bahnhofstraße 28) pilgern, innerhalb dessen Wände die

Seele des Vereins atmet und manches Mal auch schnauft: zum Peschta. Und dort möge er die Fotos und Schriftzüge an den Wänden betrachten. Beim Peschta schließt sich der Hütteldorfer Kreis. Der Durstende kann hier wieder ein Hütteldorfer trinken. Ja, es gibt wieder ein Hütteldorfer Bier, im Andenken an die große vormalige Brauerei. Gebraut wird es allerdings im Wienerwaldort Gablitz.

Jetzt stellt sich nur noch die Frage, wie kommt man nach Hütteldorf? Fast sind wir versucht zu sagen, alle Wege führen nach Hütteldorf. Ganz so ist es freilich nicht, aber fast. Denn nicht nur die U4 beginnt bzw. endet in Hütteldorf, auch der 49er bimmelt ganz gemächlich dorthin, wo er bei der Bujattigasse seine Umkehrschleife zieht. Außerdem wäre da noch die Hütteldorfer Straße, doch die führt nur Richtung Hütteldorf und reicht nicht ganz in das Herz der einstigen Ansiedlung. Also bleibt uns nichts anderes übrig als die Linzer Straße zu nehmen, die ins wahre echte und alte Hütteldorf führt. Deshalb steigen wir am Ring bei der Bellariastraße in den 49er. Nach 32 Minuten sind wir bei der Endstation in Hütteldorf. Kurz vor dem Ziel haben wir zur Rechten eine der zahlreichen Ziegelkirchen des 19. Jahrhunderts passiert. St. Andreas, die Pfarrkirche von Hütteldorf mit der Adresse Linzer Straße 424. Wir entschuldigen uns bei den Kunsthistorikern für den laienhaften Begriff „Ziegelkirchen". Uns fiel nur auf, dass so gut wie alle Wiener Kirchen im 19. Jahrhundert unverputzt blieben und als Ziegelbauten die Vororte Wiens prägen.

Mit der Pfarrkirche haben wir die Dorfkirche gefunden. Und zum Dorfwirt wäre es auch nicht weit, den würden wir beim Prilisauer finden, bei der Umkehrschleife des 49er auf der anderen Seite der Linzer Straße unter den Kastanienbäumen, gleich neben dem Halterbach. Ein paar Häuser weiter gibt's auch eine Schule, die Dorfschule, wenn sie so wollen. Damit sind wir auch im alten Utelndorf angekommen, das lag nämlich zwischen dem Rosenbach und dem Halterbach.

Hadersdorf

Fix Laudon!

Es ist eine oft erzählte Geschichte, die die junge Elfi Sporrer aus dem niederösterreichischen Mauerbach erlebt hat. Als sie in den späten 1940er-Jahren nach einem Kinobesuch in Hadersdorf zusammen mit ihrer Freundin zu Fuß nach Mauerbach zurückkehrte, passierten die Mädchen auf der Landstraße Schloss Laudon. Plötzlich, ein Stückerl vor dem ehemaligen Wirtshaus Zum Grünen

Jäger, erschauerten die beiden. Dort im Wald kauerte ein Mann! Er kniete auf der Erde, und er hielt etwas Grausliches in der Hand, das justament auf die beiden gerichtet war. Was dann in den Erzählungen der späteren Frau Beyerl folgte, divergierte nach Lust, Laune und Faschingszeit. Entweder holten die Mädchen die Polizei, die Feuerwehr oder den Herrn Podischwa, dem die Tankstelle an der Mauerbachstraße gehörte. Wer auch immer die Mädchen zu der Schreckgestalt begleitete, er konnte sie beruhigen: Was sie da in der Halbfinsternis erblickten, war das Grab des Feldmarschalls Laudon. Und der knieende Recke war ein geharnischtes Monstrum, das vor Gram und Schmerz auf der schmutzigen Erde saß und ein riesiges Schild zwischen seine Füße presste.

Schloss Laudon: Ein Wasserschloss wie es im Buche steht, heute Sitz der Verwaltungsakademie des Bundes.

Hiermit kommen wir zur Geschichte hinter der Geschichte. Eigentlich hätte alles anders kommen sollen. Der greise Feldmarschall, Belgraderoberer und Türkensieger Ernst Gideon Laudon (1717–1790) führt in Wien zwei amtliche Schreibweisen. Einmal Laudon, siehe Laudonschloss. Zweitens Loudon, siehe Loudonstraße hier im Ort Hadersdorf. Aber auch für die Laudongasse in der noblen Josefstadt war er Namenspate. Wer soll sich da noch auskennen?

Der Herr Feldmarschall hatte 1777 das Schloss in Hadersdorf als tauglichen Alterswohnsitz gekauft, wo er im türkischen Gartl bestattet werden wollte. Jenes Gärtchen war ein kleiner verwilderter und ungepflegter Teil am westlichen Ende des großen Schlossareals. Dort kugelten bar jeder Ordnung mehrere Trümmer herum, die der Feldherr bei der Rückeroberung Belgrads mitgehenlassen hatte, man könnte auch den Ausdruck „fladern" verwenden: Teile des Stadttores von Belgrad, Teile des Grabmals von Ibrahim Pescha, des 1708 verstorbenen Festungskommandanten von Belgrad. Der greise Heeresführer Laudon hatte eine fulminante Idee: Er wollte nicht nur im türkischen Gartl begraben werden, sondern auch in den Bruchstücken des Grabmals des ehemaligen Festungskommandanten von Belgrad. Die restlichen Türkensteine, die jedoch beim Transport ein wenig durcheinandergerüttelt worden waren, sodass niemand mehr über deren ursprünglichen Zweck Bescheid wusste, sollten als Grabsteine von seinem fulminanten Triumph über die Türken künden.

Daraus wurde aber nichts, weil nach seinem Tod 1790 seine Ehefrau Clara nichts mehr davon wissen wollte. Sie erteilte jedoch dem damals hoch geschätzten Bildhauer Franz Anton Zauner (1746–1822) den Auftrag, ein formidables klassizistisches Grab zu errichten. Die von der Witwe in Auftrag gegebene Grabstätte im grauen Sandstein ist wie ein Tempel gestaltet. Darunter befindet sich die tatsächliche Gruft, zu der zehn Stufen hinunterführen. Auf der Grabstätte

Das Grab des Strategen Ernst Gideon Laudon (1717–1790) schuf Franz Anton von Zauner, der Bildhauer des Reiterdenkmals von Kaiser Joseph II. am Josefsplatz.

erkennen wir mehrere Reliefs mit militärischen Symbolen, zumeist gebeugte Krieger, die sich mit letzter Kraft auf einen Lorbeerkranz stützen. Dazu lateinische Inschriften mit den Schlachtorten des Feldmarschalls. Auf den Stufen zum Tempel gewahren wir den kauernden, lebensgroßen, geharnischten Krieger, der den Mädchen nach dem Kinobesuch Angst und Schrecken eingejagt hatte.

Im Jahre 1835 wurde das Grabmal von einem aus Lanzen bestehenden Gitter umzäunt. Fährt man heute von Hadersdorf in Richtung Mauerbach, erblickt man bald nach der Baumschule zur Rechten ein deplatziertes, ungestaltes Irgendwas, das viele der Besucher ein wenig ratlos zurücklässt. Manche sind besorgt über das hässliche Ambiente, andere wohlmeinende Zeitgenossen meinen, der Feldmarschall liege gar nicht in der Gruft, sondern an einer unbekannten Stelle in der Nähe seines Schlosses. Im Laudongrab liege also gar nicht der Laudon, sondern werweißwer …

Gut. Und was geschah mit den Türkensteinen? Sie, deren Schriftzüge niemand verstand und über deren Zweck niemand Bescheid wusste, wurden ein wenig westwärts des Grabes – oder des vermeintlichen Grabes – bei einer sprudelnden Quelle aufgehäuft und an eine Steinmauer gepappt. Der Orientalist Hammer-Purgstall hatte zwar die arabischen Texte übersetzt und über deren Bedeutung referiert, aber dann kümmerte sich niemand mehr um eine entsprechende Anordnung der Türkensteine. Ein Beispiel: Die große Platte in der Mitte trägt den ausgeschmückten Namen des Sultans Mahmud I., allerdings ist die Steinplatte verkehrt angebracht, der Sultan steht sozusagen auf seinem Kopf. Eine späte Rache der Sieger oder schlicht und einfach Unwissenheit?

Jedoch gibt es auch Erfreuliches zu berichten. Wandern wir von den Türkensteinen zwanzig Meter weiter westwärts, stehen wir vor einer schlichten Gedenktafel, in die graviert ward: „Unterhalb dieser Stelle stand bis 1960 das Loudonsche Forsthaus, in dem am 5. September 1896 der Schriftsteller Heimito v. Doderer geboren wurde." Der Autor der „Strudlhofstiege" hier mitten im Wald, gleich neben den Türkensteinen aus Belgrad? Des Rätsels Lösung: Wilhelm von Doderer, der Vater des späteren Schriftstellers, führte die Bauaufsicht über die Regulierung des Wienflusses und über den Bau des Retensionsbeckens. Da er im Sommer auch seine Familie in der Nähe der Großbaustelle haben wollte, und da Hadersdorf doch zumindest eine Prise Sommerfrische in sich trug, mietete Herr Doderer das Laudon'sche Forsthaus in Hadersdorf, in der Mauerbachstraße 66. Im Jahr 1952 schrieb sein Sohn Heimito in sein Tagebuch: „Es enthält die ganze patinierte und stationäre Befangenheit all dieser Villen der Westbahngegend, mit ihren trockenen Holzveranden und ihren zurückgezogenen Gärten, mit Salettl und dem Gartentisch, wo man den Kaffee zu nehmen pflegte."

Weidlingau
Weidlingau
Weidlingau
Schloss
Mariabrunn
Waldandacht
Weidlingau-Wurzbachthal
Hauptstrasse
Bahnhof
Cottage
Weidlingau
N.-Oe.

Und da man auch ein Wirtshaus benötigt: An der Mauerbachstraße 48, auf der anderen Straßenseite des Schlosses, befand sich zur Zeit von Wilhelm von Doderer das Wirtshaus Zur Stadt Belgrad. In den späten 1970er-Jahren wurde es jedoch abgerissen.

Während die Zahl jener, die Belgrad kennen und auch über seine Lage Bescheid wissen, groß ist, verhält es sich mit Hadersdorf konträr. Noch dazu gibt es zwei Hadersdörfer. Abgesehen von unserem gibt es noch das andere in Niederösterreich, genauer gesagt am Kamp. Geläufig ist es als Hadersdorf am Kamp. Unser Dorf hingegen liegt am Mauerbach. Doch als Hadersdorf am Mauerbach ist es völlig unbekannt.

Wer indes Hadersdorf-Weidlingau in den Mund nimmt – eigentlich würde der Zweisilber HaWei genügen – weiß, wo es liegt: Im Westen an der Stadtgrenze Wiens. Da tauchen zu Recht erstens Assoziationen mit der Wien und zweitens mit der Westbahn auf. Vom Westbahnhof benötigt man ganze 13 Minuten zum Bahnhof Hadersdorf, und wer noch zwei Minuten drauflegt, ist in Weidlingau. Seinerzeit bewältigte der HaWei-Express diese strapaziöse Aufgabe: Er verkehrte auf einem eigenen heute nicht mehr vorhandenen Gleiskörper von Hütteldorf-Hacking (Bahnsteig 4) über Hadersdorf-Weidlingau (so hieß vor Zeiten der Bahnhof) nach Unter-Purkersdorf und wieder zurück. Wer vor dem HaWei-Express zurückschreckte, der sprach vom HaWei-Pendler. Doch genug des pendlerhaften Nahverkehrs.

Apropos Weidlingau: Ohne Weidlingau wäre Hadersdorf eine halbe Sache in Wien Penzing, dem 14. Hieb, wie wir Wiener zu unseren Bezirken liebevoll sagen. Die eingebettete Wien, die auch den anmaßenden Namen Wienfluss trägt, eint oder trennt Hadersdorf und Weidlingau. Liegt Hadersdorf am linken Ufer der Wien, also bergwärts, wohnen die Weidlingauer in den Niederungen (Auen) zur Rechten der Wien, also dort, wo sich heute der Auhof erstreckt. Mitte des 19. Jahrhunderts wurden die beiden Orte zu HaWei vereint.

Unser Hadersdorf hat adelige Wurzeln und geht auf das Geschlecht derer von Hadersdorf zurück. Um 1130 wird es als Hedrichesdorf schriftlich erwähnt. Der alte Ortskern lag wohl im Bereich Mauerbachstraße–Parkgasse, das entspricht in etwa dem heutigen Schloss, bzw. dem Schlosspark. Um das Schloss zu betreten, ist keineswegs Adel verpflichtend, man kann es auch für private Feiern mieten, beliebt sind dort etwa Hochzeiten. Hier hat die Verwaltungsakademie des Bundes ihren Sitz und bietet Fortbildungskurse an.

Bei der Suche nach den klassischen dörflichen Strukturen fällt bald die Kirche Mariabrunn ins Auge. Sie war zunächst eigenständig, gehört aber nunmehr zu HaWei. Der Name der Wallfahrtskirche kommt nicht von ungefähr. Vor der Kirche steht ein Brunnen, der Text am Sockel erklärt alles: „In diesen Brunn ist das Gnaden Bild unser Lieben Frauen, so in dem Hoch Altar Verehret wirdt, erfunden worden von der Koenigin Gisela 1042 von dem Ertz Hertzog v. Oesterreich Maximiliano 1490. Urtext a. d. Chronik Renov. 1925 Franz Stindl".

Und abschließend bemühen wir wieder Kaiser Joseph II. Er verabschiedete am 22. April 1782 den damaligen Papst Pius VI. just in Mariabrunn. Der reformfreudige Joseph II. war der Sohn der ebenfalls reformfreudigen Maria Theresia, deren Denkmal zwischen Kunst- und Naturhistorischem Museum steht. Die hoch thronende Monarchin wird hier von vier berittenen Feldherren bewacht, einer ist unser Laudon. Diesmal wieder mit au geschrieben. Und wenn es stimmt, stammt der Ausruf „Fix Laudon!" auch von ihr. Wie klein ist doch die Welt!

Breitensee

Von Artmann bis Zatzka

Wir wollen Breitensee durch zwei völlig disparate Phänomene kennzeichnen, signieren, verdeutlichen und so versuchen, auf hinterhältige Art die Existenz des Ortes aufzuwickeln. Das erste Manifestationsprojekt heißt Hans Carl Artmann und ist in den 1930er/1940er-Jahren in der Kienmayergasse 43 aufgewachsen. Ein wenig ratlos lässt uns die am Wohnhaus angebrachte Tafel mit folgendem Text zurück:

der mond ißt äpfel
wenn ich nicht zusehe
aus unseren Bäumen.

Damit werden wir in Breitensee nicht durchkommen. Wir wollen auch auf die berühmten „agazebam und kastanien" verzichten, die „iwa bradnsee und otagring" in den Himmel wachsen. Nein, wir wählen ein anderes Gedicht aus Artmanns Klassiker aus dem Jahr 1958 *Med ana schwoazzn Dintn. Gedichta r aus Bradnsee*, halten uns an die „bit aunan häulichen loarenz". Für alle, die das nicht verstehen, wollen wir es übersetzen: „Bitte an den hl. Laurenz."

Die Laurentiuskirche und das Josefinum (rechts im Bild) stammen vom Breitenseer Baumeister Ludwig Zatzka.

Also: Wer war jener Laurentius? Er war ein römischer Diakon zur Zeit des Papstes Sixtus II. und wird in mehreren Konfessionen als Heiliger verehrt. Ihm gewidmet ist die Laurentius-Kirche, die das Ortsbild von Breitensee dominiert. Errichtet wurde sie 1896 bis 1898 durch den Breitenseer Baumeister Ludwig Zatzka. Besagter Herr Zatzka war ein Schüler des Rathaus-Errichters Friedrich Schmidt, was man anhand des Baustils der Kirche auch bemerkt. Zudem verfasste er die Pläne für ca. die Hälfte der Häuser von Breitensee, deren Aufzählung das Ende unseres Textes in weite Ferne rücken würde. Nur ein Gebäude wollen wir erwähnen: die Volksschule schräg gegenüber der Kirche, das Josefinum.

Wir bewundern den wunderbaren Laurentiusplatz vor der Kirche. Hier lag dereinst ein breiter See, der jedoch im Laufe der Zeit vertümpelte und 1873 schließlich trockengelegt wurde. Heute vermittelt nur mehr eine Art pumpenförmiger Brunnen einen Querverweis zum einst hier breiten See. Da auch Gasthäuser immer Querverweise vermitteln, wollen wir auch diese am ehemaligen breiten See erwähnen: Das eine heißt „Breitenseer Biergartl", das zweite „Der Breitenseer".

Seinen Namen erhielt Breitensee jedoch nicht vom Dorfanger, sondern – so eine Urkunde des bayrischen Klosters Vornbach aus dem Jahre 1195 – von einem „Wichpoto d prantense". Soll heißen, dass der Ort von einem Wichpoto auf einem brandgerodeten Gebiet – einer „Pranten" – errichtet wurde, allerdings könnte das Suffix -se doch auf irgendeine damals in unmittelbarer Dorfnähe existierende Lacke hinweisen.

Jetzt müssen wir aber Einkehr halten, dabei die Gasthäuser meiden und zurückkehren zu der „bit aunan häulichen loarenz":

schdeig owa
auf unsa bradnsee
und fajauk des xindl
des wos jetzt de leztn
eemeachtechn heisaln
en oedn uat draust
ooreissn lossn wüü ...

Naja. So geht's aber auch nicht. Alte ebenerdige Häuser konservieren ein bisschen Lokalkolorit. Wir machen uns in der wilden Dynamik einer alles abreißenden und verwandelnden Stadt auf die Suche danach.

Wir machen uns auf die Suche nach einem ebenerdigen Gebäude in Breitensee, welches uns beweist, dass die Bitte von H. C. Artmann sozusagen erhört wurde.

Wir finden keines in der Breitenseer Straße. Dort erspähen wir allerdings die Breitenseer Lichtspiele, das älteste noch bespielte Kino von Wien. Die Existenz des für alle Wiener Cineasten unvermeidlichen Treffpunktes ist Frau Anna Nitsch-Fitz zu verdanken, einer einstigen Mathematik-Lehrerin des Gymnasiums an der Schmelz. Heute wird das Kino von ihrer Nichte betrieben.

Wir finden auch keines am Laurentiusplatz. Wir finden keines in der Kienmayergasse. Doch auf einmal jauchzen wir: Gefunden! Das Wirtshaus „Zur alten Schmiede" in der Kendlerstraße! Dort bekommt man keine Felgen und Gitter, sondern, sollte es geöffnet sein, Hendl und Braten. Was hätte H. C. Artmann hier wohl verspeist? Das wissen wir nicht. Aber getrunken hätte er ein Ottakringer, oder gar zwei oder drei. Das Ottakringer-Laternderl ist auch an der Außenfront oberhalb der Speisekarte befestigt.

Neben H. C. Artmann ist das zweite Phänomen, anhand dessen wir Breitensee greifbar machen wollen, ein Eisenbahntunnel, der im

Das von Otto Wagner errichtete Stationsgebäude Breitensee der Vorortelinie existiert nicht mehr.

Jahr 1895 für die Verbindungsbahn errichtet wurde und der dieser wegen seiner Länge zu beachtlicher Reputation verhelfen sollte. Die Zeitschrift *Der Bautechniker* berichtet am 13. Dezember 1895: „Die Vorortelinie wird vom Bahnhofe in Penzing der Strecke Wien – Salzburg abzweigen und diese Bahnanlage, sowie das derzeit dort stehende Aufnahmsgebäude zu diesem Zwecke erweitert werden. Die Trace führt von diesem Bahnhofe eine Strecke gegen Wien, macht dann unter starker Ansteigung einen Bogen, so dass sie rasch auf einen Damm steigt und dann auf Viadukten weiterführt und die Linzerstraße mit einer Brücke übersetzt. Bald hierauf fällt die Trace in das Niveau und weiter wird dieselbe zur Tiefbahn im offenen Einschnitte. Als solche führt sie bis gegen Breitensee, wo nach Unterfahrung der Hütteldorfer Straße die Haltestelle Breitensee zu liegen kommt. Nach Verlassen der Station Breitensee führt die Trace in einen 750 m langen Tunnel. Ein grosser Theil von Breitensee wird

Anfangs war die Vorortelinie, hier die Station Breitensee mit dem Tunnelportal, nur eingleisig ausgebaut.

auf diese Art unterfahren, über dem Tunnel stehen Häuser. In dem Momente, in dem die Trace aus dem Tunnel wieder austritt, wird der Zug bereits in die Station ‚Ottakring' einfahren."

Aha, also unter uns fahren die Garnituren der Vorortelinie, der S45! Anderen Quellen zufolge soll die Länge des Tunnels übrigens 812 Meter betragen. Ob 750 oder 812 Meter, in jedem Fall ist er der längste Tunnel der Vorortelinie.

Um der subterrestrischen Verkehrsbewältigung sicher zu sein, marschieren wir ein paar Schritte auf der Kendlerstraße hinunter zur Hütteldorfer Straße. Und tatsächlich: Dort sichten wir die Haltestelle Breitensee – früher das Aufnahmsgebäude – der Verbindungslinie zwischen Hütteldorf und Heiligenstadt. Davor befindet sich der Ludwig-Zatzka-Park. Er wurde 2021 neu gestaltet, was jedoch nichts an der Kategorie „Beserlpark" ändert, die wir aber nicht abschätzend bewerten wollen.

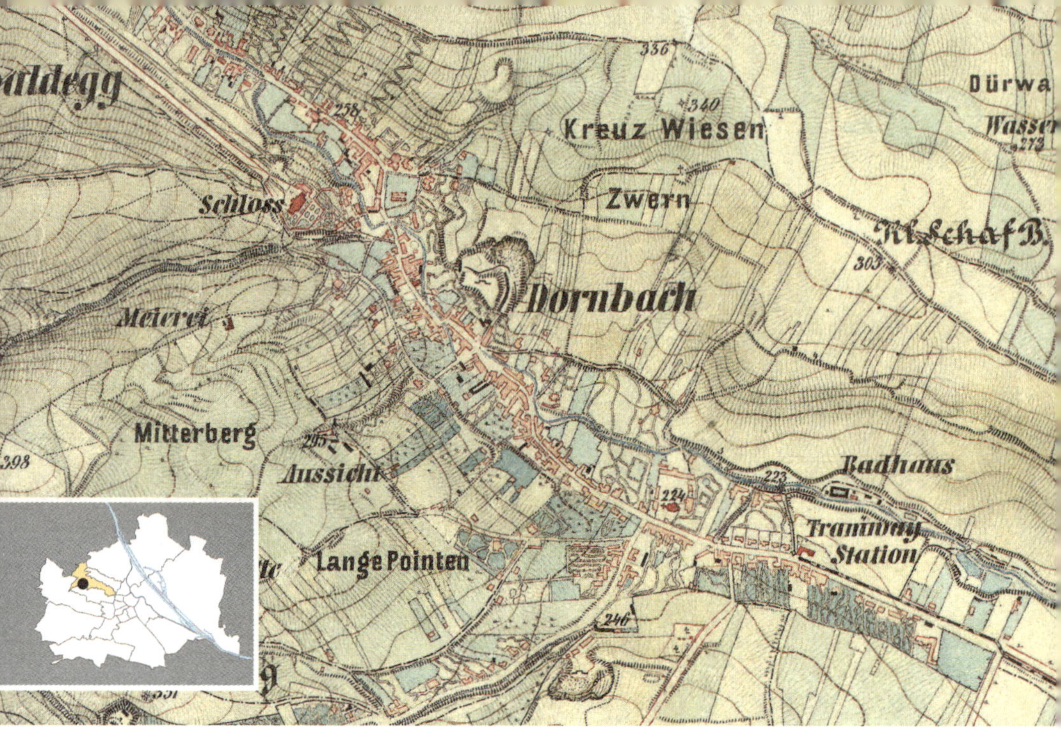

Dornbach

Wo der Pfarrer ausschenkt

Wir wollen Dornbach als ein Grabenangerdorf bezeichnen, eingebettet zwischen Heuberg und Schafberg. Im sogenannten Graben fließt jedoch nicht der Dornbach, das wäre zu einfach, sondern der Alser Bach. Der Name Dornbach leitet sich indes von einem gewissen Dorinigpach ab, zum Gewässer Dornbach kommen wir später. Bereits 1044 wurde urkundlich erwähnt, dass dem Salzburger Stift St.

Peter zwei Edelhuben an der Als geschenkt wurden. Also zwei Bauernhäuser. Das Benediktinerstift vergrößerte seinen Besitz um ein Jagdhaus, seit 1262 ist ihm auch die heute noch das Ortszentrum prägende Kirche mit dem merkwürdigen Turm inkorporiert.

Die den Heiligen Peter und Paul gewidmete Kirche – heute allgemein als Dornbacher Pfarrkirche bezeichnet – wurde nach mehreren Zerstörungen 1775 im barocken Stil neu aufgebaut. Der Komponist Joseph Haydn verbrachte die Sommer der Jahre 1802 und 1803 übrigens im Dornbacher Pfarrhaus. 1931/1932 wurde die barocke Kirche von Clemens Holzmeister stark umgebaut, entbarockisiert, und dabei um 90 Grad gedreht, dabei entstand auch der auffallende Turm. Eine ähnliche Vorgangsweise wählte der Architekt Holzmeister auch bei der Pfarrkirche von Mauer.

Dornbach von seiner nobelsten Seite: Blick über die Villen der einstigen Sommerfrische an den Ausläufen des Wienerwaldes.

Die Kirche und das Verwaltungsgebäude des Stiftes St. Peter stehen auf dem Rupertusplatz – eh klar, Rupert, erster Bischof von Salzburg, Schutzpatron des Landes Salzburg. Zum Stift St. Peter gehören jene Weingärten, die sich von der Alszeile auf den Schafberg erstrecken, sie werden als Alsegger Riede bezeichnet. Bis heute wird vom Stift auch ein Heurigenbetrieb geführt, die drei Räumlichkeiten in den Kellergewölben fassen immerhin an die 350 Besucher! Die Ausschanktermine erfahren Sie – ausnahmsweise erwähnen wir eine Telefonnummer – unter 0664/886 44 846. Die Weinausschank geht übrigens bis ins 13. Jahrhundert zurück: Der Untervogt des Stiftes schenkte zu den großen Feiertagen im christlichen Kalender einen Pörnwein aus, den man mit „Bußwein“ übersetzen könnte. Warum man zur Buße ausgerechnet einen Wein trinken musste, konnten wir leider nicht eruieren. Dass diese Art der Buße mit der Qualität des Weines zusammenhing, wollen wir eher ausschließen.

Im Volksmund hieß es jedenfalls: Der Dornbacher Pfarrer schenkt aus. Und ein gewisser Bruno Hauer komponierte sogar einen Heurigenmarsch: „Der Dornbacher Pfarrer schenkt aus, da bleibt doch ka Weintrinker z'aus. So a Schluckerl von dem Wein, der is der erste Schritt ins Paradies!“ Fazit: Zur Hölle fährt der Weintrinker nicht. Heute können vinologische Paradiesstürmer bei der Gutsverwaltung Flaschenweine erwerben, etwa den Prälatenwein oder den Konventwein.

Damit die Wienerinnen und Wiener auch den Ort Dornbach erreichten, wurde schon 1825 eine Verbindung mit dem Stellwagen eingerichtet. Ab dem 4. Oktober 1865 fuhr bereits die Pferdetramway. Als dann nach der Eingemeindung 1892 im Jahre 1898 die Station Hernals der Vorortelinie errichtet wurde, von deren Westausgang man mit drei Schritten Dornbach erreichte, war der Ort im Wienerwald endgültig und vollends erschlossen. Ein neues Wohnviertel entstand zwischen dem alten Dorfkern und der Vorortelinie, das Frauenfeld,

Die Annakapelle sollte 1908 wegen des Baus der Umkehrschleife abgerissen werden. Eine Bürgerinitiative verhinderte dies, die Umkehrschleife des 43ers wurde trotzdem gebaut.

wir verweisen nur auf den Holyhof, der vom Otto-Wagner-Schüler Rudolf Perco 1928/1929 in der Nähe des Bahnhofes errichtet wurde.

Nunmehr können wir die Straßenbahnhaltestelle mit dem naheliegenden Namen Dornbach verkehrsmäßig als das neue Zentrum des Ortes begreifen. Dort halten der 2er, der 10er, der 43er sowie der 44A. Wir erkennen auf der einen Seite den Eiflerhof, der nach dem Stabchef – also dem Leiter des Republikanischen Schutzbundes – benannt wurde und 1931 bezugsfertig war. Auf der anderen Seite der Hernalser Hauptstraße spähen wir zu unserer Überraschung auf den Bruno-Kreisky-Hof, der 1983 bis 1987 errichtet wurde, mit einer Stele vor der Hofanlage. Einen dem ehemaligen Bundeskanzler gewidmeten Hof hätten wir eher in Margareten vermutet, wo Bruno Kreisky seine Jugendzeit verbrachte, oder in Heiligenstadt in der Armbrustergasse, wo er gelebt hat, aber dort gibt es keine Gemeindebauten. Also lassen wir die Kirche im Dorf und den Bruno-Kreisky-Hof in Dornbach.

Noch ein bisschen weiter nach Westen hinaus in Richtung Wienerwald, dann erreichen wir das historische Dorfzentrum. Die Reste der alten bäuerlichen Kultur sind in der Schutzzone erhalten geblieben, eingeschossige und vorbildlich restaurierte Bauten wechseln sich mit zweigeschossigen Biedermeierhäusern ab. Leicht abzustecken ist dieses Geviert, es erstreckt sich zwischen der Alszeile, von der wir schon in die Weinberge steigen können, und der Dornbacher Straße. Inmitten dieses Gevierts öffnet sich der schon erwähnte Rupertusplatz mit der Dornbacher Pfarrkirche und der Gutsverwaltung.

Von der Alszeile steil hinauf führt übrigens der Himmelmutterweg, und wer hätte das gedacht: der Himmelmutterweg mündet in

Dornbacher Wienerwaldidylle im ausgehenden 19. Jahrhundert, als hier noch Wiesen, Weingärten und Felder die Landschaft prägten.

den Stefan-Zweig-Platz. Ähnlich steile Wege müssen die Besucher des Dornbacher Friedhofes erklimmen, manchmal sind bei den Aufstiegen sogar Stufen eingebaut.

Zu Dornbach wollen noch zwei Themen unbedingt erwähnt werden. Einmal die Dornbacher, und dann der Dornbach.

Erst die Dornbacher – so werden von den Fußballexperten die Kicker des Sportklubs bezeichnet. Der Wiener Sport-Club Platz – so die damalige Bezeichnung – ist mit der Fertigstellung im Jahre 1904 heute der älteste noch bespielte Platz in der Bundeshauptstadt. Beim allerersten Spiel auf diesem Platze siegten die Kicker des Sport-Clubs gegen jene von Ödenburg mit 7:3! Bei Fußballplätzen ist ein hohes Alter jedoch eher ein Makel als eine Auszeichnung.

Leider liegen die Erfolge des Sportklubs schon ein paar Jahre zurück. Immerhin wurde der Verein dreimal Österreichischer Meister (1922, 1958 und 1959) und einmal sogar Cupsieger, aber auch das ereignete sich vor ein paar Jährchen, nämlich anno 1923. Und wenn die Kicker nun in der Regionalliga Ost ihre Talente beweisen müssen: Auf der Friedhofstribüne werden sich die fröhlichen Gesichter der Fans kaum verfinstern. Erstens ist der ambitionierte und als äußerst tolerant geltende Fanblock traditionell auf der Friedhofstribüne stationiert, und zweitens liegt besagte Tribüne auf der Nordseite des Platzes. Hüpft man auf der anderen Seite hinunter, so hat man das Pech – oder das Glück – reibungslos und ungebremst auf dem Gelände des Dornbacher Friedhofs zu landen.

Einen der Kicker wollen wir hervorheben. Weich und zart behandelte er den Ball, er tätschelte und streichelte ihn, als wäre die Wuchtel eine Seifenblase, die man nicht zertreten dürfe, auch nicht im höchsten Sprint und im ärgsten Getümmel. Dafür erreichten seine Pässe und seine Freistöße auf den Zentimeter genau ihr Ziel. Der Jahrhundertfußballer des Sportklubs – und einer der Jahrhundertspieler Österreichs – hat auch eine Ehrentafel am Haus Hernalser Hauptstraße 214–216. Sein Name war Erich Hof, er lebte von 1936 bis 1995. Im Wiener AKH erlag er mit 58 Jahren einem Krebsleiden. Dass wir beide im Eissalon der Familie Hof gleich neben der Wiener Börse nach der Schule ab und zu an einem Stanitzel schleckten, wollen wir hier nur am Rande erwähnen.

Jetzt suchen wir noch den hoffentlich erquicklichen Dornbach. Wir fahren hinaus in Richtung Neuwaldegg. Auf der rechten Seite erspähen wir auf Nummer 88 ein Einkehrhaus im altdeutschen Stil, also mit vielen Türmen, Erkerchen und Wetterhähnen. Sein Name lautet Arco Adige, oft wird er fälschlicherweise mit Alto Adige, der italienischen Bezeichnung für Südtirol, angegeben. Früher hörte das Einkehrhaus auf das idyllische „Zur Güldenen Waldschnepfe". Gegen Ende des 19. Jahrhunderts war die Güldene Waldschnepfe die Hochburg der Schrammeln. Stammgäste waren betuchte Wiener aus allen Teilen der Stadt, Stammgast der Stammgäste war Kronprinz Rudolf, der sich von seinem Leibfiaker und Wienerlieder-Sänger Bratfisch oft hierher kutschieren ließ.

Wir zitieren kurz die *Wiener Bilder* vom 8. Juli 1900: „Es ist wohl schon jeder Bewohner unserer Millionenstadt gekommen, und versäumt es auch gewiß niemand, jenen Fremden, der nach Wien kommt und sich hier zerstreuen will, auf die herrliche Lage dieses Ortes und des Restaurants Johann Heindl, ‚zur güldenen Waldschnepfe' aufmerksam zu machen."

Doch wir suchen nicht die Schrammeln, wir suchen den Dornbach. Also weiter bis zur St. Anna Kapelle in Neuwaldegg, um die der 43er die Umkehrschleife einlegt. Dann steil hinauf die Waldegghofgasse, dann zum geschützten Vogelreservat. Hier sichten wir ein Bacherl, aber oh Mist, es ist der Luchtenbach und nicht der Dornbach, und unverrichteter Dinge lauschen wir dem Gezwitscher der Vögel.

Die Güldene Waldschnepfe, einst Hochburg der Schrammeln und Treffpunkt prominenter Stammgäste des Hochadels.

Beim nächsten Versuchen starten wir beim Rupertusplatz, also in Zentraldornbach, und mühen uns die Andergasse hinauf. Wen es interessiert: Benannt nach dem Heldentenor Alois Ander (1821–1864). Steil trotten wir hinauf auf den Heuberg, sichten eine Heubergvilla nach der anderen, ehe wir bei der Busstation Eselstiege – welch klingender Name! – ein trübes Wässerchen erblicken. Auch hier liegen wir falsch: Es handelt sich um das karge Gerinne des Anderbaches.

Also weiter die Andergasse, ein Stück hinunter in den Wald, dann sichten wir ein Flussbett mit ein paar Pfützen. Dazu eine Tafel, und was lesen wir darauf: Dornbach! Wer es ganz genau wissen will: Der Dornbach ist genau 976 Meter lang! So steht es dort geschrieben. Und er rühmt sich einer Hochwasserführung von 3.000 l/sec. Auch das wissen wir jetzt. Jetzt sind wir fast richtige Dornbachler geworden.

Pötzleinsdorf

Schloss, Schlössl und Gescheiterte

Auf gemächliche Weise erreichen wir das Zentrum von Pötzleinsdorf: Wir fahren mit dem 41er bis zu dessen Endstation. Selbstverständlich auf der Pötzleinsdorfer Straße. Deren Verlängerung führt uns direkt zum Pötzleinsdorfer Schlosspark, sodass wir die Pötzleinsdorfer Straße durchaus als ehemalige Schlossstraße betrachten können.

Das ursprünglich neobarocke Schloss wurde anno 1787 vom Bankier Johann Heinrich Geymüller (1754–1824) erworben, der es samt Park zu einer ansehnlichen Repräsentationsstätte formte. Doch Herr Geymüller schlitterte in den Konkurs, danach wechselte die Anlage des Öfteren die Besitzer, ehe im Jahre 1920 der Möbelhändler Max Schmidt der Eigentümer wurde. Dieser übereignete 1934 seinen Besitz der Gemeinde Wien. Die Gemeinde öffnete 1935 den Park für die Allgemeinheit und ließ das Schloss 1950 durch den prominenten Architekten und Städteplaner Roland Rainer zu einem formidablen Jugendgästehaus umbauen. Seit 1993 sind im ehemaligen Schloss die Räumlichkeiten der Rudolf-Steiner-Schule untergebracht.

Wichtige Fixpunkte in Währing, dem 18. Bezirk von Wien: das Schloss und die Kirche von Pötzleinsdorf.

Ins Schloss können wir also nicht. Aber dafür in den Schlosspark. Schon der Bankier Geymüller ließ Teiche – mit schwimmendem Inventar – errichten, von Freitreppen konnte man mit Wonne auf die Pfauen und Enten hinunterblicken. Er ließ Mammutbäume und Sumpfzypressen pflanzen sowie einen altgriechischen Tempel nachbauen. Sein Nachnachfolger, Max Schmidt, war zu Beginn des vorigen Jahrhunderts mit vielen Wiener Künstlern befreundet, deshalb fungierte er zum Beispiel als Trauzeuge bei der Hochzeit von Adolf Loos und Carolina Catharina Obertimpfler, die als Lina Loos bekannt wurde. Beim Brand des Ringtheaters blieben die Figuren auf der Attika des Opernhauses fast unbeschadet. Max Schmidt erwarb diese und stellte sie in seinem Park auf. So kann der staunende Parkbesucher heute inmitten der Wiesen die riesengroßen Allegorien für Sopran, Alt, Tenor und Bass erblicken.

Wir können auf den Gipfel des Schafberges laufen oder uns alternierend im Buffet gleich hinter dem Eingang stärken. Denn es gibt noch ein zweites Schloss, das auch kein Schloss mehr ist, und das ebenfalls mit dem Namen Geymüller in Zusammenhang steht. So einfach und gleichzeitig so verworren kann das Studium unserer Dörfer sein.

Also: Der jüngere Bruder des Besitzers des Pötzleinsdorfer Schlosses ließ gleich ums Eck ein zweites Schloss errichten. Er hieß Johann Jakob Geymüller, war zusammen mit seinem Bruder Eigentümer des Bankhauses Geymüller & Co und ließ von einem unbekannten Architekten 1808 das bis heute als Geymüller-Schlössl bezeichnete Gebäude errichten. Es wirkte durch seine Mischung aus gotischen und orientalischen Stilelementen ein wenig aus der Façon geraten, als „Lustschloss" war es bei der besseren Gesellschaft sowie bei den Damen und Herren vom Theater recht beliebt.

Auch Ferdinand Raimund dürfte das Geymüller-Schlössl gekannt haben. Der Nachfolger unseres Johann Jakob Geymüller verprasste sein gesamtes Vermögen und musste das Schlössl verkaufen, und so soll Herr Raimund zum Stoff für seinen *Verschwender* gekommen sein. Zitat des Verschwenders namens Flottwell: „Mein Glück ist kühn, es fordert mich heraus. Darum will ich mein Dasein großartig genießen und wollen Sorgen mich besuchen, so lass ich mich verleugnen. Gebt doch ein Glas unserm wackeren Baumeister!"

Auch die Eigentümer des Geymüller-Schlössls wechselten einander ab, und wir wollen kurz einen der Besitzer erwähnen: Isidor Mautner, geboren 1852 in Náchod im heutigen Tschechien und gestorben 1930 in Wien. Isidor Mautner leitete einen sich heute auf vier Länder erstreckenden Textilkonzern, doch damals musste man zwischen Triest, Budapest, Prag und Wien keine territorialen Grenzen überwinden. Von der Bevölkerung wurde das Gebäude damals auch als Mautner-Schlössl bezeichnet. Übrigens: Unser Mautner und seine Familie

Die alte Pötzleinsdorfer Pfarrkirche in der Pötzleinsdorfer Straße Nr. 108 wurde im 18. Jahrhundert errichtet und ist dem hl. Ägidius geweiht.

sind nicht verwandt mit den in der Lebensmittelbranche reüssierenden Mautner-Markhofs, obwohl beide Dynastien überraschende Parallelen aufweisen: Die Gründerväter stammen erstens aus Böhmen, sie sind also „Zuagraste“, und sie waren zweitens jüdischer Herkunft.

Die Familie Mautner stand in den Zwanzigerjahren des letzten Jahrhunderts vor dem Konkurs, Isidor schloss sein hochverschuldetes Textilunternehmen in Trumau-Marienthal – über die „Arbeitslosen von Marienthal“ sollte die erste große umfassende soziologische Studie (1933) von Marie Jahoda und Paul Felix Lazarsfeld entstehen. Ein Jahr vor seinem Tod (1929) verpfändete Isidor Mautner das Geymüller-Schlössl vulgo Mautnerschlössl an die Österreichische Nationalbank. Heute befindet sich in den Räumlichkeiten des Geymüller-Schlössls eine Außenstelle des MAK, des Museums für angewandte Kunst.

Soviel also zu den Schlössern, die keine Schlösser mehr sind. Zwischen den beiden steht unscheinbar und von vielen Kastanienbäumen beschützt die Ägydius-Kirche. Die einst dörfliche Kirche, Mittelpunkt des ländlichen Lebens einer Siedlung fernab der Stadt Wien, die 1112 als Pezelinesdorf auftaucht und sich im Namen eines 1322 genannten Stefan von Pötzleinsdorf findet, hatte 1964 ausgedient. Das spätbarocke Kirchlein war zu klein geworden. Dem hl. Ägydius – er ist einer der 14 Nothelfer – folgte am 1. September 1964 pfarrkirchenmäßig Christkönig. Allemal eine Aufwertung in der römisch-katholischen Hierarchie. Architektonisch dafür ein Sprung von spätbarocker Zierart zum schmucklosen Beton der 1960er-Jahre. Freilich stammen die Entwürfe vom berühmten Architekten Karl Schwanzer, dem wir auch das Philipshaus am Wienerberg verdanken. Berühmt hin oder her, Vater-unser-Garage bleibt Vater-unser-Garage! Aber das möge bitte keine Bewertung oder gar Abwertung sein. Nehmen Sie den Begriff als wienerisches Idiom, ganz so wie „Patschenkino“ oder andere liebgewonnene Termini.

Bei der Christkönigskirche, deren hoher Turm an eine Feuerwehrzentrale erinnert, sind wir auch bei Endstation des 41ers angelangt. Die Umkehrschleife der Bim schafft einen Platz, den Max-Schmidt-Platz, benannt nach dem Möbelhändler mit dem Faible für die vier vorne schon vorgestellten allegorischen Gestalten.

Unser Weg führt uns weiter, denn wir wollen nach den beiden Kirchen den Friedhof von Pötzleinsdorf besichtigen. Wir benutzen dazu den engen Mautnerweg, benannt nach Konrad Mautner, einen Sohn des bereits erwähnten Isidor Mautner. Über unzählige Stufen erreichen wir unbekannte Höhen. Wir haben die Lektion gelernt: Friedhöfe liegen zumeist weit über dem Niveau des täglichen Daseinkampfes.

Nach dem Betreten und dem vorsichtigen Sichten der Gräber wollen wir über deren drei berichten. Hier ward Hedwig Bleibtreu (1868–1958) bestattet, die große Tragödin des Burgtheaters. Vielen ist der Name Bleibtreu vertraut. Ihre Großnichte Monica Bleibtreu kennen wir nicht nur als Frau Habesam aus den verschiedenen Polt-Filmen von Alfred Komarek, bei denen Erwin Steinhauer den Polt mimte und Julian Pölsler Regie führte. Sodann gewahren wir das Grab des früh verstorbenen genialen Lyrikers Reinhard Priessnitz (1945–1985), und zuletzt fällt uns noch die ewige Ruhestätte des Physikers und Philosophen Moritz Schlick (1882–1936) auf, der auf der Philosophenstiege der Wiener Universität am 22. Juni 1936 von einem seiner ehemaligen Studenten, einem Nazi, ermordet wurde.

Genug des Friedhofes. Um zum Start – zur Endstation des 41ers zurückzukehren – nehmen wir den Bus 41A. Wir wollen dieser Linie den Ehrentitel „Wienerischer geht's nimmer" verleihen. Der Bus hat insgesamt sechs Haltestellen. Vier davon führen zu den Toren von Friedhöfen. Wir wünschen Ihnen, geschätzte Leserin, geneigter Leser, eine gute Reise, es möge nicht Ihre letzte sein!

Neustift und Salmannsdorf

Wer kennt noch den Krottenbach?

Die Dörfer kommen nicht ohne die Flüsse aus, weil die Bildung von Dörfern meist an deren Lage gekoppelt war. Heute haben wir in dieser Hinsicht bei unserer Erforschung der Wiener Dörfer ein Problem: Die Flüsse – oder Bäche – sind zumeist verschwunden, beinhart in den Untergrund gedrängt, oft wurde außerdem ihr historisches Bett umgeleitet. Als würde man sich ihrer genieren. Als Beispiel ziehen wir den Ottakringer Bach, den Währinger Bach und den Krottenbach heran. Manche erspäht man nur im Quellgebiet im Wienerwald, dann versickern sie in verschlungenen Systemen unterhalb der Stadt. Völlig verschwunden ist der Krottenbach. Bei den Häusern Hameaustraße 15 sowie 17 kann man mit etwas Glück noch ein Resterl des plätschernden oder auch nicht plätschernden Gerinnes erkennen. Mehrere heute nicht mehr erkennbare Arme trennten Oberdöbling von Unterdöbling. Im Wertheimsteinpark kann man sein ausgetrocknetes Bett besichtigen, von dort floss der Krottenbach in den heutigen Donaukanal.

Dennoch beeinflusste der Krottenbach das Gedeihen des Ortes Neustift am Walde samt des Nachbardorfes Salmannsdorf. Bekannt

Das Straßendorf Neustift am Walde müsste eigentlich Neustift am Wiener Wald oder könnte auch Neustift am Krottenbach heißen.

ist die in Döbling von der Billrothstraße abbiegende Krottenbachstraße. Diese führt mehrere Kilometer nach Westen, ehe sie das abgeschiedene Neustift erreicht.

Der Name wurde erstmals 1330 urkundlich erwähnt: Nach dem Untergang des Ortes Chainzing – heute wird ab und zu noch die Variante „Glanzing“ für Teile von Pötzleinsdorf verwendet – entstand westlich davon eine neue „Stiftung“, unser Neustift. Um 1414 ist das Augustiner Chorherrenstift St. Dorothea als Eigentümerin des Dorfes verbürgt. 1435 hatte der Ort bereits 24 Häuser. Die Bewohner betrieben Landwirtschaft, kümmerten sich um die Viehhaltung und bauten Wein an – mit einem Wort: Sie lebten relativ autark. Die Handelsbeziehungen zur Haupt- und Residenzstadt waren kaum aus-

In Salmannsdorf auf der Adresse Dreimarksteingasse 13 verbrachte Johann Strauss Vater die Sommermonate der späten 1820er-Jahre.

geprägt, da der Krottenbach zu Überschwemmungen neigte und so Transporte auf der einzigen Straßenverbindung nicht immer durchgeführt werden konnten. Die Bewohner mieden so den Krottenbach und zogen oft über die heutige Agnesgasse und das Reißerkreuz in das nördlich gelegene Sievering – etwa zum Kirchgang. Der Name der auch als Reisserkreuz bekannten Wegmarke kommt vom rissigen, spröden Boden der angrenzenden Felder. Laut historischen Berichten begegneten ihnen dabei die Wölfe des Wienerwaldes.

Eine historische Episode wollen wir erwähnen. Nach einer besonders miserablen Weinernte im Jahre 1752 baten die Neustifter Weinbauern Maria Theresia um einen Steuernachlass. Um ihrer Bitte Nachdruck zu verleihen, überreichten sie der Kaiserin die Neustifter Erntedankkrone, heute als „Hauerkrone" oder als „Hiatakrone" bezeichnet: eine Dekoration aus Stroh, Nüssen, Blumen und natürlich Trauben. Die Monarchin schickte ihnen im Folgejahr die Krone zurück. Sie erließ ihnen die Zahlung der Steuern mit der Auflage, jedes Jahr am Festtag des Dorfheiligen Sankt Rochus einen großen Kirtag abzuhalten.

Diesen Kirtag gibt es bis heute. Jedes Jahr wird am Sonntag nach dem 16. August, dem Festtag des Pestheiligen Rochus, in Neustift ein großes Gelage inszeniert. Mit Standerln, Volksmusik, Burschen in Lederhosen und Mädchen, die ja in manchen gesellschaftlichen Schichten als Dirndln bezeichnet werden, in eben diesen. Dabei wird ein Umzug von Heurigen zu Heurigen durchgeführt, mit Flascherlbuben, Kronenträgern, Altburschen und den Hiatabuam.

Aber zurück zur Geschichte: Noch waren beide Orte von Döbling und von Wien durch eine lange, nicht verbaute brache Fläche getrennt. Das änderte sich erst mit der Eingemeindung im Jahre 1882. Am 19. Juli 1907 trat der Krottenbach das letzte Mal über seine Ufer. Dann folgte die Rache: In den Jahren 1908/1909 wurde er verrohrt, seine weitere unterirdische Geschichte kennen Sie bereits.

Zu dieser Zeit war dann die Fahrt oder der Hatscher von Neustift nach Döbling kein Problem mehr. Im selben Jahr – 1908 – wurde von der Gemeinde Wien eine für die Stadt ganz seltene Omnibuslinie mit Oberleitung eingesetzt. Der O-Bus fuhr jedoch nicht nach Döbling, sondern über die Pötzleinsdorfer Höhe ins südlich gelegene Pötzleinsdorf. Von dort konnte man mit der Tramway ins Zentrum weiterzuckeln. Dieser O-Bus wurde erst nach der Okkupation durch die Nazis 1938 eingestellt. Im Jahre 1928 eröffnete die Gemeinde Wien eine Autobuslinie auf der Krottenbachstraße, die im Wesentlichen der Strecke des heutigen 35A entspricht.

Jetzt zu Salmannsdorf. Nein, der Name kommt nicht, wie irrtümlich behauptet, vom bösen Soliman – was hätte der türkische Feldherr in einem Weinort schon anstellen sollen? Die Bezeichnung stammt vom Salmann, und der schrieb das Salbuch, das heutige Grundbuch – der Salmann war also ein Grundbuchschreiber.

Auch Salmannsdorf litt an der Entferung zu Wien. Nur wenige Sommerfrischler wagten sich im 19. Jahrhundert in den damals eher unzugänglichen Ort. Zu ihnen gehörte die Musikerfamilie Strauss. Josef Streim war der Vater der Ehefrau von Johann Strauss senior, und so verbrachte die Familie mit den drei Gschropp'n einige Sommer draußen in Salmannsdorf, die genaue Adresse ihres Aufenthaltes lautete Dreimarksteingasse 13. Und wie es die Geschichte des Hauses erzählt, soll der kleine Schani auf einem Spinett seinen ersten Walzer komponiert haben, der dann von seiner Mutter aufgezeichnet wurde. Johann Strauss senior stiftete sogar eine Glocke für die gleich neben dem Haus stehende Kapelle. Sie ist dem heiligen Sebastian gewidmet und trägt folgende Inschrift:

In Glück und Gunst
Weiss Menschenkunst

Bei Menschenleid
Nur Gott Bescheid

Womit wir bei der Dreimarksteingasse angelangt sind. Steil führt sie hinauf, mit der alten Pflasterung mit den Rillen innerhalb der Steine. Die Ursache für die Breite der Dreimarksteingasse finden wir im franziszeischen Kataster von 1829. Schon wieder ist der Krottenbach schuld. Der floss in „Sallmannsdorf" – so die Schreibweise im Kataster – in der Mitte der Straße, dort steht heute die Reihe der Bäume. Bei der „Zwerchwiese" erreichte er die Talsohle und wälzte sich dann in Richtung Osten, also nach Döbling weiter.

Sollte jemand der Leserinnen und Leser bei der Intonierung von „Da streiten sich die Leit herum" ihre Ohren spitzen, empfehlen wir folgenden Zugang nach Salmannsdorf: Starten Sie von der Agnesgasse in die Mitterwurzergasse. Bald stehen Sie vor der Mariensäule. Bleiben Sie ruhig stehen. Hier verlobten sich 1821 Ferdinand Raimund – na Sie wissen schon: „Da streiten sich die Leit herum" – und Toni Wagner, die Tochter eines Weinhauers aus Salmannsdorf, sie versprachen einander ewige Treue. Warum dieses Tohuwabohu? Nun, Ferdinand Raimund war 1821 bereits verheiratet, und eine offizielle Scheidung von seiner Frau wäre für den damals hoch gefeierten Schauspieler ein gesellschaftliches Problem geworden. Also wählten der Dichter des *Verschwenders* und seine Toni, die schon längst wie ein Ehepaar zusammenwohnten – Scheinmoral hin, Scheinmoral her – diese Vorgangsweise.

Gehen Sie nun von der Mariensäule ein wenig geradeaus zur Salmannsdorfer Straße. Rechts hinauf führt bald die Dreimarksteingasse mit ihrer epischen Breite und dramatischen Steigung. Sollten Sie ihr folgen, dann landen Sie nach einigen Schweißtropfen selbstverständlich auf dem Dreimarkstein, und dort steht das „Häuserl am Roan", also am Rain, also an der Grenzmarkierung.

Wenn Sie aber die Salmannsdorfer Straße geradeaus weitergehen, steigen Sie durch den dichten Wienerwald mit bedächtigem Schritt in ein Dorf hinauf, das der Kuriositäten nicht entbehrt. Es hieß einst „Holländerdörfl". Holländische Bauernhäuser wurden hier nachgebaut, vor jedem Haus wurde ein Baum gepflanzt. Dieses stilistische Unikat verdanken wir dem österreichischen Feldherrn Franz Moritz von Lacy, der 1765 die Herrschaft Neuwaldegg erworben hatte und am höchsten Punkt des Besitzes Bauernhäuser errichten ließ, die jedoch nur der Dekoration oder als Unterbringung seiner Freunde dienten. Dieses künstliche Anwesen bezeichnete er als Hameau, zu Deutsch Weiler oder Dorf.

Im Zweiten Weltkrieg war am Hameau eine Flak stationiert. Bis in die 60er-Jahre des letzten Jahrhunderts hielt sich am Hameau noch ein Wirtshaus, heute steht dort nur mehr eine Schutzhütte der Wiener Naturwacht.

Das Hameau kennt man auch heute noch in Wien, das einst hier befindliche Holländerdörfl ist längst in Vergessenheit geraten.

Noch etwas: In früheren Jahren, als sich im Winter der Schnee in den Gassen und auf den Wegen häufte, wurde in Salmannsdorf auch Sport betrieben. Nein, keine Abfahrtsläufe, man neigte zu Langläufen. Anhand der Lektüre des *Sport-Tagblattes* vom 6. Dezember 1923 wollen wir die Route der Strecke rekonstruieren: Der „Wiener Landes-Ski-Verband" warb für einen „Männer- und Damenlauf", der für den 16. Dezember 1923 angesetzt wurde. Der Start war beim heute noch stehenden Wasserturm auf dem Michaelerberg südlich von Neustift. Von dort querte die Route die heutige Höhenstraße und führte auf das Hameau. Vom Hameau wiederum brettelte man zum Dreimarkstein, von dort hinunter nach Salmannsdorf – auf diesem Streckenabschnitt waren Stürze wahrscheinlich eingeplant – und von Salmannsdorf zum Ziel bei der Pötzleinsdorfer Skiwiese. Diese Skiwiese – sie entspricht dem Verlauf der heutigen Dr.-Heinrich-Maier-Straße zwischen Neustift und Pötzleinsdorf – sorgte damals für großes Aufsehen, weil dort seit etwa 1896 eine Vielzahl verwegener Sportler ihre Fertigkeiten an einer neuen Sportart erprobten: dem Skilauf. Für Unkundige wurden sogar Trainer und Fachsimpler bereitgestellt, die Piste war mit Fackeln beleuchtet.

Wir wollen jedoch nicht mit drängelnden Massen eines neuen Modesportes schließen, sondern mit einem romantischen Stimmungsbild, das wir im *Kleinen Volksblatt* vom 3. Juli 1949 fanden: „Im Frühling, wenn laue Winde den Duft des blühenden Flieders aus den Gärten über den ganzen Ort tragen, ist es in Salmannsdorf besonders schön. Jasmin nickt über die Gitter, Bienen fliegen von Zweig zu Zweig und in der Ferne klingen die Töne eines Wiener Walzers auf. Auch im Sommer, wenn die glühende Sonne über den segenspendenden Rieden brütet, nicht weniger im Herbst, wenn die Blätter der alten Bäume im roten Feuer brennen, bewahrt sich Salmannsdorf den Reiz eines weinfrohen Wienerwalddorfes, selbst, wenn durch die Hauptstraße nicht mehr der Stellwagen, sondern der Omnibus fährt."

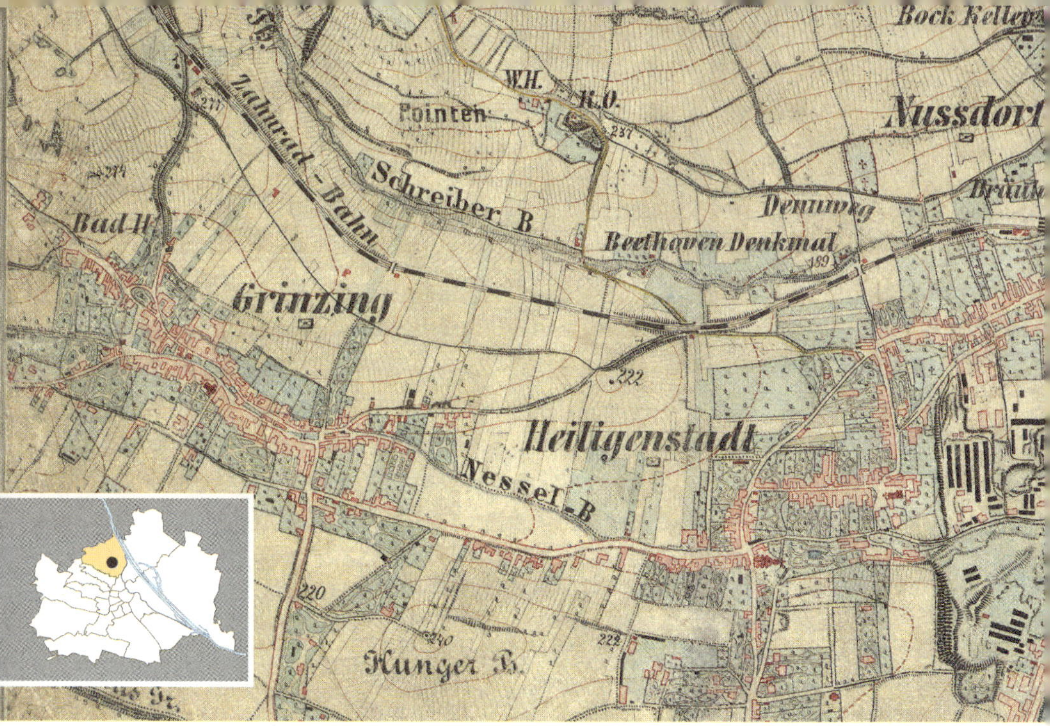

Grinzing

Einkehrschwung im Krapfenwaldl

Bei Grinzing ist die Erwartungshaltung an uns Schreibende hoch: Wein und Heuriger müssen thematisiert werden, da gibt es wenige Alternativen. Ganz so, als würde Grinzing nur aus diesen beiden Konstanten bestehen. Nein, ganz wollen wir uns auch nicht herumdrücken. Doch wir erinnern uns noch gut an unsere Zeit als Gymnasiasten, an die 1970er-Jahre: Denn Grinzing hat mehr zu bieten.

1979 war es *die* Sensation: Das Krawa, das Krapfenwaldbad, war das erste städtische Freibad Wiens, in dem oben-ohne offiziell erlaubt war. Für viele ein Grund, just hier die heißesten Sommertage zu verbringen. Hier wurde Wiener Bädergeschichte geschrieben.

Doch das am 17. Juni 1923 als Sonnen- und Luftbad eröffnete Krapfenwaldbad auf die Oben-ohne-Erlaubnis des Jahres 1979 zu reduzieren, wäre genauso verfehlt, wie den Ort Grinzing, der 1114 als de Grincing erwähnt wird, auf seine Heurigen. Tauchten in den ersten Dekaden des 20. Jahrhunderts Jux-Ansichtskarten auf, die Grinzing aus der Sicht des Trinkers – schiefer Kirchturm inklusive – zeigen, so folgte nach dem Zweiten Weltkrieg die zunehmende Verbauung, die mit der Reduktion der Weinbauflächen einherging.

An der Liebe der Wiener zu Wein, Musik und Gesang bei Heurigenseligkeit hat sich nichts geändert, lediglich die Moden und deren Hüte wechselten.

Hier konnten auch wir schon o

Grad vom Heurigen komm ich
heraus; Grinzing wie wunderlich
siehst du denn aus!? Seien Sie
und Werner
von Ihrem

Vo
Bl
De
Gi
Fr

Gruss vom Heurigen in Grinzing.

iege bis zur Bahre
Suff die einzige Wahre!
hen Mut und Lebenskraft
rinzinger Rebensaft.
Tochter
gegrüßt

Legendär – erinnern Sie sich? – waren ovale Aufkleber. CDG in blauen Lettern auf gelbem Grund, blau umrahmt. Was wie ein matter Versuch eines Nachwuchsheraldikers aussah, war ein markant sichtbares Zeichen des „Clubs der Grinzinger" (CDG). Dahinter verbergen sich eine Handvoll engagierte Grinzinger, deren Ziel es war, „das Weltkulturgut Grinzings zu bewahren" – nachzulesen auf deren inzwischen in die Jahre gekommenen Website. Sie erreichten weltweite Bekanntheit und waren immer wieder in den Schlagzeilen. Worum ging's? Man kaufte Weinstöcke und erwarb damit das Recht auf zwei Vierterl Eigenbauwein. Promis aus aller Welt wurden zum Paten Grinzinger Weinstöcke. Päpste, wie Benedikt XVI. und Johannes Paul II., ebenso Präsidenten wie Barack Obama oder Filmstars wie Alain Delon und Romy Schneider. 7.000 Weinstöcke haben durch intensives Marketing und offensive Werbung ihre Besitzer und Besitzerinnen in 50 Ländern gefunden. Eine Aktion, die man gut finden mag oder auch nicht. Was jedenfalls erreicht wurde, war maximale Aufmerksamkeit.

Doch Grinzing erhielt zum Thema Wein auch schon 1835 beste Referenzen: „In der Topographie der Bacchusbrüder nimmt es eine Hauptstelle ein, denn das hiesige Gewächs ist eines der besten im Lande", entnehmen wir Adolf Schmidls Reiseführer *Wien's Umgebungen auf zwanzig Stunden im Umkreise.*

Doch nun weg vom Wein. Wir wollen die Ursprünge des Krapfenwaldls, auch die Schreibweise Krapfenwaldel kennen wir, erkunden. Eine Versteigerung einer „Besitzung in Pacht" ist der erste Hinweis, den wir in der *Wiener Zeitung* vom 26. September 1826 gefunden haben. Die Rede ist von einer „Rustical-Besitzung, das Krapfenwaldl oder Krapfenberg genannt" wurde. Was durfte man sich darunter vorstellen? Ein kleines Landgut mit allem, was dazu gehört. Weingärten, Kleeäcker, Obstbäume, Wiesen, Pferde- und Kuhstallungen und schließlich

„das auf der Anhöhe des Krapfenwaldls bestehend gemauerte Lustschlößchen“. Diese Location hat Potenzial! So würden heute Immobilienmakler die Liegenschaft preisen, die auf drei Jahre verpachtet wurde.

Das Objekt, um in der Diktion der Makler zu bleiben, dürfte sich dank des Pächters, Heinrich Geringer, seines Zeichens bürgerlicher Gastwirt, gut entwickelt haben. „[Er] macht ferner bekannt, daß man zu jeder Stunde speisen, so wie auch frühstücken kann, und jeden Nachmittag mit allen frischen Speisen und guten Getränken bedienet werde.“ (*Wiener Zeitung*, 5. Mai 1829).

Es amüsiert uns noch ein Blick in Schmidls oben erwähnten Reiseführer; aber nicht die Wegbeschreibung wird Sie überraschen, sondern die empfohlene Transportart: „Hier ist denn auch das Haus Nr. 41, wo man Esel und Pferde in Bereitschaft findet, um den Berg hinauf reiten zu können. Man bezahlt für den Ritt auf den Kahlenberg oder das Krapfenwäldchen 20 Kreuzer, und eben so viel von dort zurück. Wie sehr durch diese Anstalt einem Bedürfnisse des Publikums abgeholfen wurde, beweist: daß an schönen Sommertagen die Thiere den ganzen Tag über so beschäftigt sind, daß man sie voraus bestellen muß, [...].“ Das Lokal, die „sogenannte Krapfenhütte“, hatte sich zur Familienausflugsdestination mit allem, was dazugehört, der Wienerinnen und Wiener entwickelt. „Zahlreiche Tische, eine hölzerne Halle zum Schutze gegen plötzliches Unwetter, zugleich als Tanzsaal dienend, Schaukeln beweisen, wie besucht die Anlage ist, wozu auch die ziemlich gute Bewirthung beiträgt.“ Was den Namen Krapfenwaldl betrifft, so mutmaßt Schmidl, der später zu einem Pionier der Höhlenforschung wurde: „Etwa, weil der Hügel wie ein Krapfen, mit der bildlichen Sprache des Volkes zu reden, zwischen den beiden Thälern liegt?“

Jedenfalls haben wir bewiesen, dass im Biedermeier das Krapfenwaldl ein beliebter Ausflugsort war, wo man mit Speis und Trank bestens versorgt wurde. Dass dort die Fernsicht auf Wien überwältigend war, können wir auch heute noch nachvollziehen. Wir müssen uns nur die dichte Bebauung der Stadt wegdenken.

Das Krapfenwaldl wurde immer beliebter und schließlich durch Johann Strauss (Sohn) auch musikalisch geadelt. 1871 erschien sein Opus 336, *Im Krapfenwaldl*, eine Polka française, die bei den tanzwütigen Wienerinnen und Wienern gut ankam. 1989 dirigierte sie Carlos Kleiber beim Neujahrskonzert.

1874 ging es dann auch schon wesentlich flotter hinauf zum Krapfenwaldl. Mit der Zahnradbahn war man von Grinzing kommend in 6 Minuten bei der gleichnamigen Station. Wer von Nussdorf, der Talstation der Zahnradbahn, startete, benötigte auch nur 19 Minuten. Die Zahnradbahn sollte eigentlich 1873, dem Jahr der Weltausstellung in Wien, eröffnet werden. Tatsächlich fand die erste offizielle Bergfahrt am 7. März 1874 statt – somit waren wenigstens diese und alle anderen Saisonen des Krapfenwaldls gerettet. 1922 wurde der Betrieb der Zahnradbahn wegen Kohlemangels eingestellt, die Stationen Krapfenwaldl und Kahlenberg überlebten aber den Zweiten Weltkrieg. Doch was nützt eine Station, wenn kein Zug mehr verkehrt?

In den 1930er-Jahren, einer Zeit großer Arbeitslosigkeit, entstanden große Infrastrukturprojekte, damals wurde auch die Höhenstraße gebaut. Die kurvenreiche Kopfsteinpflasterstraße – der Alptraum aller Fahrschülerinnen und Fahrschüler – wurde am 16. Oktober 1935 eröffnet und schuf eine Anbindung an das Krapfenwaldl, wo mittlerweile ein Bad entstanden war. Ein gutes Stück der neuen Straße verlief auf der alten Trasse der Zahnradbahn – ein schwacher Trost für alle Eisenbahnfreaks.

Das Krapfenwaldl, die Lokalitäten des Heurigenbetriebs mit einem schönen Schwarzföhrenbestand, hatte zwischenzeitlich eine bauliche Verwandlung zum Besseren durchgemacht. 1911 wird berichtet: „Beim Bau des neuen Volksrestaurants wurden der Waldbestand und auch die

Ab 1874 führte die Zahnradbahn zum Krapfenwaldl, damals ein beliebter Großheuriger.

übrigen Baumbestände an der Straße vollständig geschont. Das Volksrestaurant befindet sich unmittelbar gegenüber der Station „Krapfenwaldl" der Kahlenberg-Zahnradbahn und besteht aus einem einstöckigen Saalbau, […]" (*Der Fremdenverkehr*, 14. Mai 1911). Allein der Name Volksrestaurant suggeriert Größeres. Tatsächlich gab es Platz für 800 Gäste im Gebäude und auf den Terrassen konnte man weitere 1740 bewirten.

In den frühen 1920er-Jahren erlebte das Krapfenwaldl seine nächste Wandlung. Das *Neuigkeits-Welt Blatt* schreibt am 17. August 1924: „Das Bad Krapfenwaldl und Gänsehäufl, das sind die Perlen unter den Bädern der Stadt Wien. Das erst im Vorjahr eröffnete Sonnen- und Luftbad Krapfenwaldl ist infolge seiner herrlichen Lage, es ist zum Teil von einem alten Schwarzföhrenwald umgeben, eines der schönsten Sonnen- und Luftbäder Europas."

Wienerherz, was willst du mehr? Baden mit Panoramablick und den Heurigen in Gehweite – da konnte und kann kein Gänsehäufel mit, wenngleich an den Gestaden der Alten Donau Sandbäder und Bootsfahrten lock(t)en.

Offen ist nur mehr eine Frage: Wie kommt man, nachdem es heute weder Reitesel noch Zahnradbahn gibt, mit den Öffis zum Krawa? Die Wiener Linien geben uns eine Antwort: „Wen es nicht ans Donauufer zieht, der kommt von der U4 Heiligenstadt mit dem Bus 38A Ausstieg Cobenzlgasse in das bekannte Krapfenwaldbad. Sehen und gesehen werden ist hier das Motto – und das geht am besten am Beckenrand sitzend mit einem fantastischen Ausblick über Wien."

Direkt in den Heurigenort Grinzing kam man ab 1827 mit dem Stellwagen. Zunächst fuhr er zweimal am Tag, dann stündlich bis 21 Uhr. Und siehe da, die Biedermeier-Landpartien nach Grinzing wurden immer beliebter, Maler wie Musiker, also Bauernfeld, Schwind und Schubert, waren mit von der Partie wie Hinz & Kunz. Die städtebaulichen Folgen: Die beiden Gassen an den Ufern des Nesselbaches wurden zu eng, 1864 wurde der Bach überwölbt und die breite Hauptstraße mit den zwei Namen entstand. Bitte schau'n Sie nach: Auf der einen Seite heißt sie Cobenzlgasse, auf der anderen Seite Himmelstraße, benannt nach einer ehemaligen Gastwirtschaft Am Himmel. Wohl die einzige Straße, die zwei Namen trägt!

Nach der Eingemeindung 1890 und der Errichtung der Verbindung mit dem 38er am 14. Mai 1907, der von den Wienern als Heurigenexpress bezeichnet wurde, konnten die Massen in kürzester Zeit Grinzing erreichen. Zahllose Heurigenlieder tauchten auf, in denen stets das Wort „wackeln" vorkommt: ob nun Paul Hörbiger mit seinem Dienstmann oder Hans Moser mit seinem Dackel, alles wackelte. Und in den damals zahlreich gedrehten Wien-Filmen wurde ein Pflichttermin eingebaut: der Besuch eines Heurigen in Grinzing.

Fröhliche Grüße aus Grinzing.

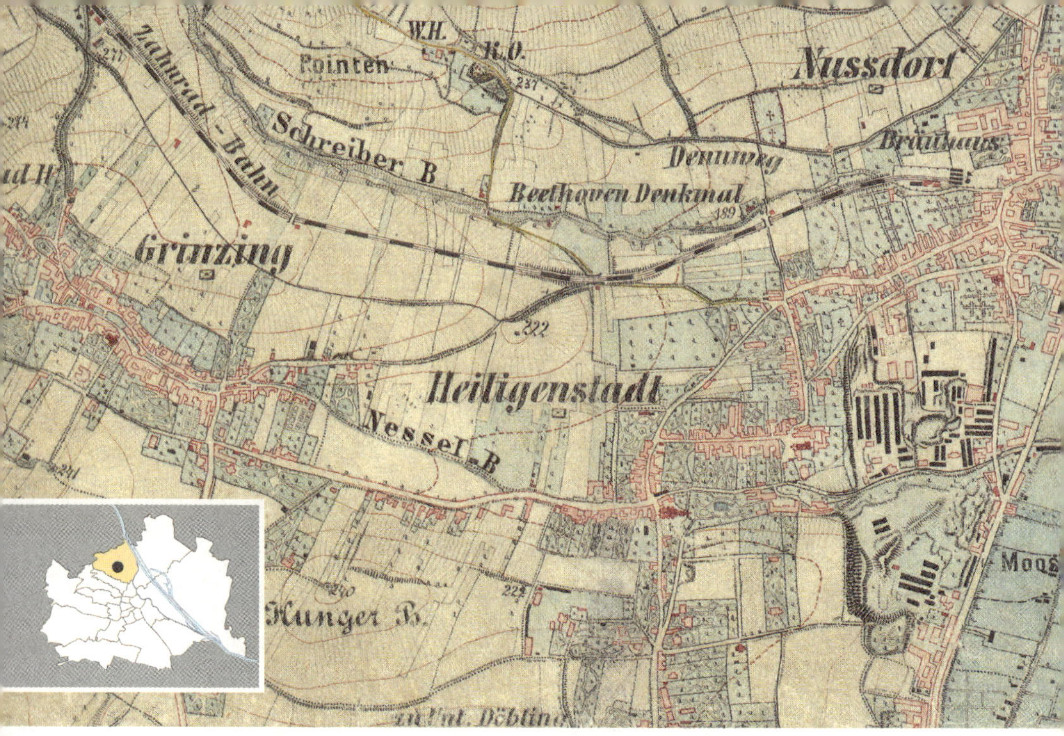

Heiligenstadt

Heiliger Ort, berühmtes Refugium, illustre Zecher

Wie paradox klingt doch der Name „Stadt“ in einem Buch über Dörfer! Aber Heiligendorf, nein, das klingt nicht gut. Heiligenstadt klingt gewohnt und vertraut und hat auch seine Berechtigung. Wir gehen dem nach. Folgen Sie uns in die Welt des Biedermeiers. Wir nehmen wieder Adolf Schmidls Buch *Wien's Umgebungen auf zwan-*

zig Stunden im Umkreise aus dem Jahr 1835 zur Hand. „Welcher Österreicher, der mit der vaterländischen Geschichte nur einigermaßen bekannt ist, kennt diesen Namen nicht?! — Es ist unter allen Dörfern um die Residenz am gefeiertesten durch historische Überlieferung und vaterländisches Alterthum."

Tatsächlich reichen hier die historischen Ereignisse im Ort, verzeihen Sie, in der Stadt, weiter zurück als in so manchem anderen Dorf, und auch klingende Namen kreuzten hier schon sehr früh auf. Nicht Beethoven, der hier sein Testament schrieb, soll an dieser Stelle genannt werden, sondern der hl. Severin und der legendäre Kaiser Probus. Besagter Imperator, an den die Probusgasse erinnert, ließ hier Wein pflanzen, so lässt uns Schmidl wissen.

Heiligenstadt, man würde es heute nicht mehr vermuten, war ein beliebter Weinbauort zwischen Nußdorf und Grinzing.

Und damit war quasi für den heiligen Severin das Umfeld geschaffen, denn der ließ sich um das Jahr 500 ad vineas, in den Weingärten, nieder. Anfangs war es wohl eine kleine Klause, später entstand hier ein kleines Kloster, das den Ort heiligte. Oder um Schmidls Ausführungen einmal mehr im Original zu folgen: „Die Zelle des frommen Mannes ward bald ein Wallfahrtsziel des ganzen Landes, und vielfältige Wunderzeichen versammelten so viele Schüler um ihn her, die durch eigenen Lebenswandel den Ruf der Heiligkeit erwarben, daß später in Erinnerung an diese seltene Zahl frommer Männer der Ort den Namen ‚Heiligenstadt' erhielt." Das alles klingt plausibel und ehrt das Weinhauerdorf, das auf verdiente Weise und mit Recht den Namen trägt.

1835, zu Schmidls Zeiten, war Heiligenstadt „eines der kleinsten Dörfer um Wien". Damals zählte man hier „nur 94 Häuser und 677 Einwohner". Mathematisch betrachtet ergibt das 7,2 Einwohner pro Haus, die vom Weinbau und vom Milchhandel lebten. Doch nicht nur Wein und Milch ernährten die Heiligenstädterinnen und Heiligenstädter des 19. Jahrhunderts. Beinahe jedes Haus hatte „aber einige [!] Sommerwohnungen". Waren diese Sommerfrischen auch einigermaßen klein und spartanisch, so tat das wohl der Gemütlichkeit der Dörfchens Heiligenstadt keinen Abbruch. Zudem verfügte Heiligenstadt auch über eine Heilquelle, die sich im Garten der Pfarrkirche Sankt Jakob befand. „Heiligenstadt hat in neuerer Zeit sich durch das Heilbad wieder etwas gehoben, […]". Das gefiel den Leuten damals, und auch heute würde uns so eine Therme gefallen. Leider ist die Heilquelle Geschichte. Aber damals, wir wollen den Begriff „gute alte Zeit" strapazieren, war dort Highlife. „Mehr als irgendwo anders hört man aus einer unscheinbaren Bauernhütte die schwärmerischen Laute einer Guitarre oder sehnsuchtsvollen Stimme, und lange, blasse Gestalten wandeln, in Bücher vertieft, durch die gemüthlichen Schatten des Badgartens.“ Dass Beethoven hier weilte und über die sich nicht einstellende Heilung seiner zahlreichen Krankheiten murrte, gehört zur Wiener Allgemeinbildung. Wir können auch nicht ad hoc alle Adressen der Beethoven-Gedenkhäuser von Heiligenstadt auswendig nennen. Im bekannten Heurigen Mayer am Pfarrplatz verbrachte er mehrere Wochen im ersten Stock links nach dem Eingang, dafür hängen in den Räumlichkeiten mehrere Porträts des Komponisten. Der Vollständigkeit halber: Heute gehört der „Mayer am Pfarrplatz“ dem aus Villach stammenden Unternehmer und Eishockeyfan Hans Schmidt. In der Probusgasse können wir Beethovens Heiligenstädter Testament besichtigen. Und über sein Denkmal unten am Schreiberbach wollen wir nun endgültig schweigen.

Dafür zitieren wir einen Brief des 37-jährigen Beethovens, den er am 20. September 1807 an die Gräfin Josephine Deym verfasste: „Anfangs September gieng ich nach heilgnstadt, das mir aber nicht wohl bekommen wollte, mußte wieder in die Stadt, dann war ich unten in Eisenstadt bey Fürst EsterHazi wo man meine Messe aufführte – wo ich vor einigen Tägen wieder zurückgekommen ... Ich komm eben heute in die Stadt – und könnte beynahe meinen Brief selbst übergeben ...“ Kurz ein paar musikalische Eckdaten, um das Jahr einordnen zu können: Beethovens Fidelio war am 29. März 1806 uraufgeführt worden. Im Dezember 1808 folgte die Erstaufführung seiner 5. Symphonie.

Wir halten vor dem Haus Grinzinger Straße 64, einem biedermeierlichen Bau, und blenden zurück in den Sommer 1808, als Beethoven und der 17-jährige Grillparzer mit Brüdern und Mutter hier weilten. Dazu lesen wir in Grillparzers *Erinnerungen an Beethoven* folgende Zeilen: „Ein oder zwei Jahre darauf wohnte ich mit meinen Eltern während des Sommers in dem Dorfe Heiligenstadt bei

Die Grinzinger Straße führt von den Niederungen der Donau in den alten Weinhauerort Heiligenstadt, ehe sie in Grinzing endet.

Wien. Unsere Wohnung ging gegen den Garten, die Zimmer nach der Straße hatte Beethoven gemiethet. Beide Abtheilungen waren durch einen gemeinschaftlichen Gang verbunden, der zur Treppe führte. Meine Brüder und ich machten uns wenig aus dem wunderlichen Mann, er war unterdessen stärker geworden und ging höchst nachlässig, ja unreinlich gekleidet – wenn er brummend an uns vorüberschoß. Meine Mutter aber, eine leidenschaftliche Freundin der Musik, ließ sich hinreißen, je und dann, wenn sie ihn Klavier spielen hörte, auf den gemeinschaftlichen Gang, und zwar nicht an seiner, sondern unmittelbar neben unserer Thüre hinzutreten und andächtig zu lauschen. Das mochte ein paarmal geschehen sein, als plötzlich Beethovens Thür aufgeht, er selbst heraustritt, meine Mutter erblickt, zurückeilt und unmittelbar darauf, den Hut auf dem Kopfe, die

Treppe hinab ins Freie stürmt. Von diesem Augenblicke an berührte er sein Klavier nicht mehr. Umsonst ließ ihn meine Mutter, da ihr alle Gelegenheiten abgeschnitten waren, durch seine Bedienten versichern, daß nicht allein Niemand ihn mehr belauschen werde, sondern unsere Thüre nach dem Gange verschlossen bleiben und alle ihre Hausgenossen statt der gemeinschaftlichen Treppe sich nur im weiten Umwege des Ausganges durch den Garten bedienen würde; Beethoven blieb unerweicht und ließ sein Klavier unberührt, bis uns endlich der Spätherbst in die Stadt zurückführte."

Steigen wir in der zweiten Hälfte des 19. Jahrhunderts von dem Hügel Heiligenstadts, vom Pfarrplatz, in die Niederung längs der Heiligenstädter Straße herab, sind wir in der Welt der Arbeit und der Industrie. Dementsprechend war auch die Bevölkerung gewachsen; um 1890 wohnten hier 5.579 Menschen, sprich achtmal mehr als 1835. Zwischen Barawitzkagasse und Grinzinger Straße reihte sich Ziegelgrube neben Ziegelgrube. Die Namen Hauser und Kreindl erinnern an deren Besitzer. Die rauchenden Schlote der Ringöfen waren Wahrzeichen einer neuen Epoche. Hier dachte niemand an Sommerfrische. Es galt, möglichste viele Ziegel für die Reichshaupt- und Residenzstadt Wien zu brennen, deren Bedarf an Baumaterialien in diesen Dekaden enorm war. Die Ziegelarbeiterinnen und Ziegelarbeiter arbeiteten unter widrigsten Bedingungen und wurden nach allen Regeln des Kapitalismus ausgebeutet. Ab den 1880er-Jahren fanden sie bei den Sozialdemokraten unter Victor Adler eine politische Heimat. Dass sich just gegenüber der einstigen Ziegelgruben der 1930 eröffnete Karl-Marx-Hof, eine architektonische Ikone des Roten Wiens befindet, könnte kaum passender sein. In seinen 1.382 Wohnungen bot er Platz für rund 5.000 Bewohnerinnen und Bewohner.

Nußdorf

Von Nüssen, Wein und Bier

Schon die alte Römerstraße verlief entlang des damaligen für die Schifffahrt tauglichen Donauarmes, also des heutigen Donaukanals. Wie Ziegelfunde belegen, verband die Römerstraße die Garnison zu Vindobona mit jener in Asturis (Klosterneuburg) und führte dann weiter nach Lentia (Linz). Der Nußberg war seit der Ära des römischen Kaisers Probus mit Weinstöcken bepflanzt, also kann man davon ausgehen, dass ansässige Weinbauern den vorbeiziehenden Soldaten und Kaufleuten den Nußberger mundgerecht servierten.

Der Name Nußdorf wurde erstmalig 1081 in einer Urkunde erwähnt. Damals erhielt Markgraf Leopold von Österreich vom Bistum Passau drei Höfe und 70 Hörige als Lehen, einer der besagten Höfe befand sich zu „Nuzdorf".

Der Name kommt von den vielen Nussbäumen, die seit der römischen Epoche zwischen den Weingärten gesetzt wurden. Auch die slawische Besiedlung Wiens, die zu vielen Ortsbezeichnungen wie Währing oder Liesing führte, könnte ihre Spuren in Nußdorf hinterlassen haben: das slawische „nužny" – dürftig oder bedürftig – wird

Die Gleise der Straßenbahnlinie D führen über den Nußdorfer Platz und die Greinergasse zur Endstation in der Zahnradbahnstraße.

als Alternativvariante mit der Entstehung des Namens in Zusammenhang gebracht. Auf den Weinbestand dürfte sich das dürftig nicht bezogen haben.

Die Besiedlung des Ortes entwickelte sich längs der heutigen Kahlenberger Straße. Die heute viel zu enge und für Trankler mit Vorsicht zu genießende Straße galt als Hauptachse eines t-förmigen Reihendorfes, die etwas kürzere Seitenachse bildete die Greinergasse. Die heutige Heiligenstädter Straße war damals ein Donauarm. Von den sich im Wasser tummelnden Lebewesen konnten viele Bewohner leben, eine starke Fischerzunft entstand. Der alte Ort Nußdorf war durch die Kahlenberger Straße einerseits mit Grinzing, andererseits durch die Hammerschmidtgasse mit Heiligenstadt verbunden. Durch seine strategisch günstige Lage am Donaustrom reüssierte der

Auch der alte Weinbauort Nußdorf besaß eine Brauerei samt formidabler Restauration an der prominenten Adresse des Nußdorfer Platzes.

Ort zudem durch die Anlage des Donauhafens, der bis zur Donauregulierung (1870–1875) der eigentliche Hafen Wiens war. In der Gegend des heutigen Nußdorfer Platzes entstand ein eigenes Hafenviertel, in dem mit Salz, Getreide sowie Holzwaren gehandelt wurde und mehrere Wirtshäuser zum Besuch einluden. In diesem Hafen landete am 22. April 1854 eine gewisse Prinzessin Elisabeth von Bayern auf einem als Schwan gestalteten Dampfschiff.

Vom Hafenviertel aus konnte man schon seit dem Mittelalter die Donau überqueren. Diese „Urfahr", also das Recht auf die Überfuhr, hinterließ ihre Spuren auf der anderen Donauseite: Dort führte die „Überfuhrstraße" direkt in die Jedleseer Brauerei. Wer sich vom Wein verabschieden wollte, der konnte also mit der „Urfahr" zum Gerstensaft wechseln.

Vom Wohlstand des Ortes berichtet auch der *Küchelbecker* aus dem Jahr 1730 (mit vollem Namen *Allerneueste Nachricht vom Römisch-Kayserlichen Hof Nebst einer ausführlichen Beschreibung der Kayserlichen Residentz-Stadt Wien und der umliegenden Oerter, Theils aus den Geschichten, theils aus eigener Erfahrung zusammen getragen und mit saubern Kupffern ans Licht gegeben*). „Denn auf der einen Seite sieht man nichts als Weinberge, und auf der anderen fließt der breite Donaustrom vorbei. Dieses ist daher die Ursache, warum viele große Herren und vornehmen Leute zu Wien allhier Häuser haben bauen lassen."

Der Berliner Schriftsteller Friedrich Nicolai (1733–1811) erwähnte in seiner *Beschreibung einer Reise durch Deutschland und die Schweiz im Jahre 1781* den Ort Nußdorf, der damals aus 109 Häusern mit 865 Einwohnern bestand: „Es ist dies ein sehr großes und angenehmes Dorf nahe der Donau. Es ist voller Lusthäuser von Privatpersonen, welche sehr gut gebaut und zum Teil drei bis vier Geschoß hoch sind, daher der Ort eher einem hübschen Städtchen ähnlich sieht."

Mit dem Bau der Franz-Josephs-Bahn, der 1874 abgeschlossen wurde, konnten auch die Wiener ohne Probleme eine Tour aus der Stadt ins nahe gelegene Nußdorf riskieren. Zudem wurde im Folgejahr des ominösen Jahres 1873 – damals gab's in Wien die Weltausstellung – die Dampfzahnradbahn eröffnet. Die Strecke führte von Nußdorf – im damaligen Bahnhof ist heute das Gasthaus Einkehr zur Zahnradbahn untergebracht – über die Stationen Grinzing und Krapfenwaldl in einem großen Bogen zum 1872 eröffneten Kahlenberg-Hotel. Auf 5,5 km Länge mussten die Dampfzüge immerhin mehr als 300 m Steigung überwinden. Die Höchstgeschwindigkeit war mit 12 km/h für die Bergfahrt und 15 km/h für die Talfahrt festgesetzt. Wie alte Fotos dokumentieren, saß auf dem Dach des letzten Personenwagens der Bremser. Er musste dort eine halbe Stunde durchhalten – solange dauerte die Fahrt von Endstation zu Endstation. Bei gutem Schritt und mittlerer Kondition konnte man zu Fuß etwas schneller sein, wenn man die direkte Wanderroute von Nußdorf hinauf auf den Kahlenberg wählte.

Trotzdem wurde die Bahnfahrt für die Wiener eine beliebte Attraktion: Im Durchschnitt fuhren jährlich etwa 8.000 Züge mit rund 180.000 Passagieren. Schließlich gab's oben auf dem Kahlenberg eine Hetz: Gleich bei der Endstation steht die Stefaniewarte und ein bisschen weiter vorne das legendäre Hotel Kahlenberg, beide gehörten übrigens der Eisenbahngesellschaft. Zudem erfreuten Buden, also kleine Wirtshäuser, sowie Hutschen und Ringelspiele die Besucher, sodass man damals vom Kahlenberger Prater sprach.

Soweit zur Zahnradbahn. Nach dem Ersten Weltkrieg musste der Betrieb wegen Kohlemangels eingestellt werden. In der folgenden Notzeit wurde von der darbenden Bevölkerung alles abmontiert, was abmontiert werden konnte, von Schienen und Schwellen bis hin zu den Einrichtungen der Stationen. Die Station Krapfenwaldl hielt sich län-

Die Talstation der einstigen Zahnradbahn, die von Nußdorf auf den Kahlenberg führte, ist heute noch erhalten und beherbergt ein Gasthaus.

ger, sie wurde erst im Jahr 1960 abgerissen und musste dem Parkplatz des Bades weichen. Schade, heute wäre die Zahnradbahn auf den Kahlenberg eine ähnliche Attraktion wie etwa die Linzer Pöstlingbergbahn.

Übrigens entstand auch im Weinort Nußdorf eine Brauerei, die Nußdorfer Brauerei. Sie wurde 1819 in der Hackhofergasse 9 – am hinteren Ende des Nußdorfer Platzes bitte nach rechts abbiegen – von Franz Xaver Bosch gegründet. Die Brauerei avancierte zum Hoflieferanten, die Bierfässer wurden sogar in außereuropäische Länder geliefert. 1950 kaufte die Schwechater Brauerei die Nußdorfer Brauerei, und kurz darauf stellten die neuen Eigentümer die Gerstensaftproduktion in Nußdorf ein.

Nichts zu tun mit der Brauerei hatte ein stattliches Gebäude in der Hackhofergasse 18: Dieses gehörte von 1802 bis 1811 dem

NUSSDORF.
Serwus
von Emmy
7254 Karl Stücker's Kunstanstalt München

Librettisten und Theaterintendanten Emanuel Schikaneder, deshalb der Name Schikanederschlössel. Im Jahre 1932 erwarb es der Operettenkomponist Franz Lehár, der Haus und Garten zu einem Privatmuseum für sich und seinen Bruder Anton umwandelte. So entstand die Zweitbezeichung: Lehárschlössel. Besagter Bruder Anton Lehár organisierte im Jahre 1921 den missglückten operettenhaften Versuch des Ex-Kaisers Karl, sich in Ungarn an die Macht zu putschen. Der Ex-Kaiser wurde ins ferne Madeira verbannt, der unbeugsame Monarchist Anton Lehár wirkte mit eher geringem Erfolg in Berlin als Direktor eines Musikverlages und kam anno 1948 im Schikaneder-Lehár-Schlössel unter, das er bis zu seinem Tode 1962 bewohnte.

Schlussendlich soll noch auf ein Kuriosum verwiesen werden, das seine Existenz indirekt oder auch direkt den vielen Heurigenlokalen in Nußdorf zu verdanken hat: Im Jahr 1800 erfolgte die Gründung einer Salmiak-Fabrik. Diese Fabrik hatte einen Kontrakt mit vielen Heurigenlokalen: Diese lieferten den bei ihnen angestauten Urin zur Fabrik, wo er zu Reinigungsmittel verarbeitet wurde. Und da kam schon viel zusammen. 150 Eimer Urin pro Tag sollen so ihren Weg in die Fabrik gefunden haben. Wer weiß, vielleicht befand sich darin zuviel des spritzigen Nußbergers. Jedenfalls musste die Fabrik im Jahr 1840 wieder geschlossen werden.

Josefsdorf

(Un)bekanntes Dörfl am Kahlenberg

Die Josefstadt, die kennt jeder Wiener, nicht zuletzt wegen des Theaters in der Josefstadt. Man muss schon genauer hinhören, es geht nicht nur um Dorf und Stadt, sondern auch um das schlüpfrige S. Das gesuchte Dorf hat nach dem Josef ein S, die bekannte Stadt hat keines. Wer also Josefsdorf sucht, könnte in Žabalj in der Vojvodina in Serbien landen. Das ist natürlich falsch. Zwar ist der

Name richtig, aber das serbische Josefsdorf ist eine Stadt mit rund 10.000 Einwohnern.

Unser Josefsdorf liegt am Kahlenberg. Damit meinen wir aber nicht das Kahlenbergerdorf, das sich am Fuße des Leopoldsberges befindet, der früher Kahlenberg hieß. Der heutige Kahlenberg wurde damals als „Sauberg" oder als „Schweineberg" bezeichnet. Das legendäre Josefsdorf liegt auf diesem. Die kleine Siedlung gruppiert sich um die Kirche St. Josef und verdient eigentlich die Bezeichnung Dörfl, aber wir wollen die Ansiedlung am berühmtesten aller Wiener Aussichtberge nicht klein reden. Selbige Kirche wird in der Regel topografisch bezeichnet und gilt als Kahlenbergerkirche. Sie wird außerdem bevorzugt von polnischen Staatsbürgern besucht, denn

Beinahe kitschig! Der Kahlenberg mit Mondsichel und der Leopoldsberg. In der Niederung der blauen Donau liegt das idyllische Kahlenbergerdorf.

zusammen mit dem nahe gelegenen „Imbiss Sobieski“ markiert sie ein auserwähltes polnisches Exterritorialgebiet. Die Gründe dafür sind größtenteils bekannt: Von hier aus, angeblich tatsächlich von der bereits 1629 errichteten Kirche, stürmte am 12. September 1683 der polnische König Jan Sobieski als Heerführer der westlichen Allianz mit den vereinigten, sprich alliierten, Truppen die Hänge des Kahlenberges hinunter, der damals allerdings noch nicht Kahlenberg, sondern ein wenig animalischer Sauberg hieß. Die vereinigten Truppen der östlichen Allianz waren gerade emsig mit der Belagerung von Wien beschäftigt und hatten törichterweise vergessen, die rings um Wien postierten Berge abzusichern. Vollkommen verdutzt über die in hoher Zahl herunterstürmenden Truppen der westlichen Allianz verzichteten sie auf jede Gegenwehr und nahmen schlicht und einfach Reißaus – die Zweite Türkenbelagerung war somit beendet.

Wie gesagt, das ereignete sich am 12. September 1683. Und auf den Tag genau 300 Jahre später, also am 12. September 1983, weilte der nächste berühmte polnische Jan, ein gewisser Jan Paweł II, hier besser bekannt als Papst Johannes Paul II., auf dem Kahlenberge sowie in der Josefskirche.

Die wenigen nicht polnischen Besucher des Kahlenberges bemühen sich auch um die sogenannte Aussicht, also um den Blick auf das darniederliegende Wien. Natürlich fällt uns dazu das bekannte Zitat Franz Grillparzers ein, wir lesen es auch auf der Außenmauer der auf dem Kahlenberg ansässigen Privatuniversität:

Hast du vom Kahlenberg das Land dir rings besehn,
dann wirst du was ich schrieb und was ich bin verstehn.

Jetzt blicken wir noch auf einen im Jahre 1819 gezeichneten Plan von Josephsdorf, so die damalige Schreibweise. Als Planverfasser fun-

Am 12. September 1983 besuchte Papst Johannes Paul II. die Josefskirche am Kahlenberg, auf den Tag genau 300 Jahre nach der Türkenbelagerung von 1683.

giert ein gewisser Leopold Freyherr von Pletzger. Auf einem Platz im Westen finden wir das einzige Gebäude, das heute noch besteht, die eben beschriebene Josefskirche. Die im Plan eingezeichneten 26 Häuser konnten sich in ihrer historischen Form nicht erhalten und sind ebenso wie die Mauer rund um den Ort verschwunden.

Wir bewegen uns die Straße hinunter, spähen auf das Nepomuk-Standbild, das im Plan von 1819 als Steinernes Kreuz eingezeichnet ist, und erreichen nach einer Kurve den Josefsdorfer Friedhof, der jedoch wiederum eher als Kahlenberger Friedhof bekannt ist. Dies ist der höchst gelegene Friedhof von Wien, und wir staunen nach dem Öffnen des Gatters über diese idyllische Ruhestätte. Man könnte vermuten, der Friedhof sei fester Bestandteil des Wienerwaldes. Blicke auf die Wienerstadt werden für die hier Bestatteten freilich durch die Baumreihen verhindert.

Die nächste Überraschung: Auf dem abschüssigen Terrain des Friedhofes sind nur eine Handvoll Gräber in lockerer Ordnung gereiht. Darunter das Grab des Prälaten Leopold Ungar (1912–1992) sowie des Diplomaten und Schriftstellers Charles-Joseph de Ligne (1735–1814). Von ihm stammt der berühmte Satz über den Wiener Kongress: „Le congrès danse beaucoup, mais il ne marche pas“, im Deutschen meist in abgekürzter Fassung als „Der Kongress tanzt“ geläufig.

Dann erblicken wir das Grab der Karoline Traunwieser, der hübschesten Frau auf besagtem Wiener Kongress. Dies berichten viele tanzende Zeitzeugen, so etwa der sie anhimmelnde Orientalist Joseph von Hammer-Purgstall (1774–1856).

Noch sind wir nicht fertig mit dem Josefsdorf, wir wollen noch auf den Gipfel des Kahlenbergs, der allerdings – im Gegensatz zur Aussichtsplattform in Josefsdorf – keine Aussicht gewährt. Der Gipfel ist markige 484 Meter hoch, und wir könnten noch höher klettern, wenn wir auf die Stefaniewarte hinaufstiegen. Diese ward 1887 von dem famosen Architektenduo Ferdinand Fellner (1848–1916) und Hermann Helmer (1849–1919), sonst Spezialisten für Theaterbauten in der gesamten Monarchie, errichtet und der Gemahlin des Kronprinzen Rudolf gewidmet. Die Stefaniewarte ist aber zumeist geschlossen. Hier stand die Bergstation jener Zahnradbahn, die von Nußdorf auf den Kahlenberg führte. Der Wagen der Zahnradbahn, der seitlich neben der Kirche steht, ist nicht original.

Fuhr man also ab 1874 zwischen den beiden Dörfern Nußdorf und Josefsdorf auf den Kahlenberg, so bietet sich heute die Höhenstraße an: das Produkt einer sehr nachhaltigen Beschäftigungstherapie der 1930er-Jahre, als es galt, Arbeit für die zahlreichen Arbeitslosen der Wienerstadt zu schaffen. Auf besagter Höhenstraße fanden früher Bergrennen mit Autos und Motorrädern statt. Und auch heute flitzen nächtens illegal getunte Autos die engen Serpentinen bergauf. Wetten, dass keiner der jugendlichen Lenker den Namen Josefsdorf je gehört hat!

Wir empfehlen indes die gemütlichere Tour mit dem Bus. Der 38A startet in Heiligenstadt bei der U-Bahnstation und fährt gemächlich, so wie wir es gerne haben, in 25 Minuten auf den Kahlenberg. Unsere mitfahrenden Fahrgäste, vielfach schon pensionierte Wienerinnen und Wiener, könnten den Namen Josefsdorf schon gehört haben. Auf jeden Fall haben sie bei den Namen der Stationen ihre ganz persönlichen Assoziationen. Grillparzerstraße – diesen Herren müssen wir ihnen nicht mehr vorstellen. Armbrustergasse – da denken viele an den legendären Bruno Kreisky, der einst hier wohnte und dessen Telefonnummer gar nicht geheim war und in jedem Telefonbuch stand. Himmelstraße – ja der Name kommt vom Himmel, in Wien ist es nämlich auch richtig zu sagen „Ich bin am Himmel", so die amtliche Bezeichnung; man muss nicht „im Himmel" sein, wie wohl viele meinen würden. Wer es topografisch genau wissen möchte: der Wiener Himmel liegt am Pfaffenberg (415 Meter), einem Vorberg des Kahlenberges.

Ein weiterer Vorberg, wenn auch viel bekannter, wäre die Haltestelle „Cobenzl Parkplatz". Mit selbigem Recht könnte man nach acht Minuten Fahrt auch die Haltestelle „Kahlenberg" in „Kahlenberg Parkplatz" umbenennen, ist doch der Parkplatz auf dem Kahlenberg um vieles größer. Doch uns geht es nicht darum, dem automobilen Fortschritt zu huldigen. Wir wollen an die gute alte Zeit von Josefsdorf erinnern und schlagen vor, die Haltestelle in „Kahlenberg Josefsdorf" umzutaufen. Dann würde so manche Geschichte wieder lebendig werden. Doch noch ist es nicht so weit.

Kahlenbergerdorf

Kleinod am Fuße des Leopolsbergs

Wir wollen überraschende und selten begangene Zugänge zu unseren Dörfern finden, und ein solcher ergibt sich, wenn man vom Kahlenbergerdorfer Friedhof aus startet und so das Dorf vom hinteren Ende, vom Ende alles Zeitlichen, vom Omega und nicht vom Alpha her aufrollt. Im Kahlenbergerdorf, das in früheren Zeiten im Diminutiv, also als Kahlenbergerdörferl bezeichnet wurde, muss man die steilste Straße zwischen Wien und dem Mount Everest erklimmen, um den Friedhof zu erreichen. Die steilste Straße aller Zeiten heißt Eisernenhandgasse und erinnert an das Klappern von an hohen Stangen montierten Eisenpfeilen, die vor der Traubenernte die Vögel verscheuchen sollten. Sie ist so steil, dass Gläubige beim Hinaufkraxeln locker ihre lässlichen Sünden abbüßen und den Friedhof im Zustand der vollkommenen Unschuld erreichen. Und Ungläubige werden überlegen, ob der steile Anstieg zur Kultstätte des Todes mit einer Sauerstoffflasche oder einer Weinflasche am besten zu bewerkstelligen ist.

Idyllischer könnte ein Dorf kaum liegen, das Kahlenbergerdorf an der Donau und die Ausläufer des Leopoldsberges.

Am Friedhof angekommen, drehen wir uns um und konstatieren: himmlische Blicke für jene, die ihr Leben noch nicht ausgehaucht haben: erst der steile Hügel mit den Weinstöcken, sodann das Kahlenbergerdorf mit der barocken Turmhaube der St.-Georgs-Kirche, die Gleise der Franz-Josephs-Bahn, auf denen in regelmäßigen Abständen die Züge rollen, das breite Band der Donau, in der vereinzelt Schiffe treiben, dahinter eine satte Ebene, die schließlich in der Ferne von einer Kette von Windrädern begrenzt wird.

Wir wenden uns wieder ab und den Gräbern zu. Die hier Bestatteten, die Verblichenen und Verwesten, verharren nicht mehr im Zustand der Gnade, jene himmlischen Blicke zu erhaschen. Und Besucher werden nicht allzu oft die steilste Straße von Wien hinaufkeuchen. Wer ist also hier bestattet? Am unteren Ende, mit Respektabstand von zehn Metern zu den anderen Gräbern, Heinz Werner Schimanko. Jawohl, Kommerzialrat Heinz W. Schimanko, 1944–2005. Von wegen Eden-Bar, Rolls-Royce und Waffennarr. In seiner Grabesruh ist er vollkommen alleine, niemand will mit ihm das Schicksal teilen, schon gar nicht seine Frau. Die liegt einen Steinwurf weiter im Familiengrab: Frau Christine Schimanko, geb. Sogmogyi, 1942–1992.

Nur wenige Schritte entfernt stoßen wir auf ein schmuckloses Grab mit einem schlichten Grabstein, auf dem wir lesen: Marisa Mell. Kein Beruf, keine Zahlen, keine Bilder. Die Schauspielerin starb 1992 mit 53 Jahren an Speiseröhrenkrebs. Zu jenen Zeiten, in denen sie als Femme fatale galt, drehte sie mit Marcello Mastroianni oder mit Tony Curtis. In ihren letzten Jahren lebte sie in Wien in unscheinbarer Zurückgezogenheit. Mit ein bisschen Wehmut denken wir an sie zurück und senden ihr zwei Rosen in den Schauspielerhimmel.

Der Sänger Ernst Molden erzählt übrigens, dass er sich auch schon einen Platz auf dem Friedhof mit der wunderbaren Aussicht gesichert hat.

Dank Wiener Wappen ist es amtlich: Leopoldsberg und Kahlenbergerdorf gehören zu Wien.

Soweit unser Bericht über die steilste Straße von Wien und den Friedhof. Wir verzichten schwitzenden Herzens darauf, auf den Gipfelpunkt der steilsten Straße zu steigen, dort befindet sich der Heinz-Werner-Schimanko-Weg, der wiederum einer der kürzesten Wege der Wienerstadt ist und auf den Landkarten als H. W. S. W. abgekürzt wird. Er führt zum gleich einem Bunker vielfach abgesicherten ehemaligen Wohnsitz des Nachtlokalbesitzers.

Nein, wir steigen hinunter, um uns dem berühmtesten Bewohner des Kahlenbergerdorfes zu widmen. Und wer war diese legendäre und vielbesungene Figur? Der „Pfaff vom Kahlenberg“. Das Denkmal des schelmisch dreinblickenden Pfaffen wurde 1981 enthüllt und steht beim Eingang zur Kirche St. Georg. Der Pfaff, nach verschiedenen

Wiener Wienerwaldberge mit Korrekturbedarf. Links der Kahlenberg mit Mondsichel, rechts an der Donau der Leopoldsberg.

Lesarten entweder ein Wigand von Theben – mit besagtem Ort ist übrigens das slowakische Devín gemeint – oder ein Gundacker von Thernberg, weilte von 1300 bis 1349 im selbigen Ort und war für seine modernen Marketingmethoden bekannt. Als eines Jahres die Weinernte bloß für einen Reifenbeißer, einen fast ungenießbaren sauren Wein, reichte, kündete er an, auf den Turm seiner Kirche zu klettern und von dort über die Donau zu fliegen. An besagtem Tag versammelte sich rund um die Kirche eine Menschenmenge, der Pfaff ließ sich Zeit beim Hinaufklettern, er beeilte sich nicht bei den Vorbereitungen zum Fluge, es wurde heiß und heißer, die Neugierigen dürstete, und ob des Durstes trankelten sie den Wein. Erst als das letzte Fass geleert ward, kletterte der gute Pfaff vom Turm hinunter und versicherte, er werde es ein anderes Mal versuchen.

Seine Späße wurden sozusagen sprichwörtlich. Philipp Frankfurter schrieb die sich um den Pfarrer rankenden Anekdoten im 15. Jahrhundert nieder. Von Anastasius Grün (1806–1876), der in Wirklichkeit Anton Alexander von Auersperg hieß, erschien in Leipzig 1850 *Der Pfaff von Kahlenberg*, ein ländliches Gedicht. Wir zitieren:

Pfaff Wigand denkts im Gartenbette
Zur Rast gelehnt auf seinen Spaten
Mit rüstigem Werk den künftigen Saaten
Bereitet er die linde Stätte.
Die Linnenärmel aufgeschürzt
Hat er die Schollen umgestürzt
Vorpflückend seines Taglohns Zoll
Füllt er den Korb mit Trauben voll.

Danke, Herr Anastasius Grün, die ganzen 200 Seiten Ihres Textes werden wir nicht lesen, sondern wir bewegen uns zum Beginn des Nasenweges. Der Nasenweg führt vom Kahlenbergerdorf hinauf auf den Leopoldsberg. Er wurde in der heutigen Form 1936 vollendet und ist ein Panoramaweg mit Aussichtskanzeln und Plattformen. Wer den Anstieg mit den 310 Stufen und der Länge von 1,5 Kilometern schaffen möchte, sollte bedenken: Auf dem Leopoldsberg gibt es keine Einkehrstätte.

Literaturauswahl:

Andraschko, R.: Liesing – 50 Jahre Wiener Gemeindebezirk. – Forum 23, 155 S., Wien 1988.

Artmann, H. C.: Med ana schwoazzn Dintn. – Otto Müller Verlag, 96 S., Salzburg 1958.

Autengruber, P.: Lexikon der Wiener Straßennamen. – Wundergarten Verlag Wien, 349 S., Wien 2020.

Beyerl, B. & Hofmann, Th.: Wien entdecken mit der Bim. – Styria Verlag, [akt. Neuauflage], 176 S., Wien 2020.

Bousska, H. W.: Alltagsleben in Meidling. – Sutton Verlag, 127 S., Erfurt 2009.

Bousska, H. W.: Wien 12 – Meidling. Sutton Verlag, 128 S., Erfurt 2000.

Ferenczy, H.: Das Schottenstift und seine Kunstwerke. – Verlag Orac, 216 S., Wien 1980.

García Márquez, G.: Hundert Jahre Einsamkeit. – Kiepenheuer & Witsch, 477 S., 1970 Köln.

Gibs, H.: Hietzing – Zwischen gestern und morgen. – Mohl Verlag, (2. erw. Aufl.) 337 S., Wien 1998.

Grün, A.: Pfaff vom Kahlenberg – ein ländliches Gedicht. – Weidmannsche Buchhandlung, 310 S., Leipzig 1850.

Hansen-Schmidt, L.: Donaustadt – Stadt am anderen Ufer. – Mohl Verlag, 311 S., Wien 1992.

Havelka, H. (Exenberger, H.; Mitarb.): Simmering. – Geschichte des 11. Wiener Gemeindebezirkes und seiner alten Orte. – Jugend & Volk, 240 S., Wien – München 1983.

Havelka, H.: Das Dorf, wo einst der Eber hauste – Ein besinnlicher Spaziergang durch Kaiser-Ebersdorf und Albern. – Interessengemeinschaft für die Herausgabe eines Heimatbuches für Kaiser-Ebersdorf, 40 S., Wien 1977.

Hinkel, R. & Sykora, B.: Heimat Floridsdorf. – Verlag Alfred Eipeldauer, 280 + 102 S., Wien 1977.

Hofmann, Th.: Es geschah in Transdanubien – Neuigkeiten und Bilder von damals. – Edition Winkler-Hermaden, 124 S., Schleinbach 2020.

Hofmann, Th. & Beyerl, B.: Die Stadt von Gestern – Entdeckungsreise durch das verschwundene Wien. – Styria Verlag, 239 S., Wien 2018.

Hofmann, Th. & Beyerl, B.: Wiener Vergnügungen – Die Stadt von gestern. – Styria Verlag, 224 S., Wien 2019.

Hofmann, Th. & Debera, U.: Wiener Landpartien – Ausflüge in Vororte. – Böhlau Verlag, 204 S., Wien – Köln – Weimar 2004.

Klusacek Ch. & Stimmer K.: Favoriten – Wiener Bezirk zwischen gestern und morgen. – Verlag Kurt Mohl, 330 S., Wien 2004.

Klusacek, Ch. & Stimmer, K.: Döbling – Vom Gürtel zu den Weinbergen. – Compress Verlag, 261 S., Wien 1988.

Klusacek, Ch. & Stimmer, K.: Hietzing – Ein Bezirk im Grünen. – Verlag Kurt Mohl, 227 S., Wien 1977.

Klusacek, Ch. & Stimmer, K.: Meidling – Ein Bezirk stellt sich vor. – Verlag Kurt Mohl, 196 S., Wien 1976.

Klusacek, Ch. & Stimmer, K.: Penzing – Vom Wienfluß zum Wienerwald. – Mohl Verlag, 257 S., Wien 1993.

Klusacek, Ch. & Stimmer, K.: Währing – Zwischen Ganserlberg und Schafberg. – Mohl Verlag, 263 S., Wien 1992.

Konnert, W.: Favoriten im Wandel der Zeit. – Verlag Kurt Mohl, 190 S., Wien 1974.

Küchelbecker, J.: Allerneueste Nachricht vom Römisch-Kayserlichen Hof Nebst einer ausführlichen Beschreibung der Kayserlichen Residentz-Stadt Wien und der umliegenden Oerter. – Nicolaus Förster und Sohn, Hannover 1730.

Mauch, U.: Das alte Floridsdorf – Der 21. Wiener Gemeindebezirk – Seine Geschichte in Bildern. – Winkler-Hermaden, 96 S., Schleinbach 2017.

Nicolai, F.: Beschreibung einer Reise durch Deutschland und die Schweiz, im Jahre 1781 nebst Bemerkungen über Gelehrsamkeit, Jndustrie, Religion und Sitten. – 12 Bde., Berlin und Stettin, 1783-1796.

Opll, F.: Liesing (Atzgersdorf, Erlaa, Inzersdorf, Kalksburg, Liesing, Mauer, Rodaun, Siebenhirten) – Eine Geschichte des 23. Wiener Gemeindebezirkes und seiner acht alten Orte in Wort und Bild. – Winkler-Hermaden, 180 S., Schleinbach 2014.

Rebernig-Ahamer R.: Hadersdorf-Weidlingau – Auf den Spuren eines Dorfes in Wien. – Bibliothek der Provinz, 225 S., Heidenreichstein 2007.

Roskosny, J.: Liesing – Ein junger Bezirk mit Vergangenheit. – Verlag Kurt Mohl, 203 S., Wien 1979.

Schmidl, A.: Wien's Umgebungen auf zwanzig Stunden im Umkreise. – 1. Bd., Verlag Carl Gerold, 552 S., Wien 1835.

Schörghofer, G.: Beton in Bewegung. – Mitteilungsblatt 11 / 2017 (Pfarre Lainz Speising), Wien 2017.

Schörghofer, G.: Die Minarette des hl. Antonius. – Mitteilungsblatt 05 / 2021 (Pfarre Lainz Speising), Wien 2021.

Schweickhardt, F. X.: Darstellung des Erzherzogthums Oesterreich unter der Ens, durch umfassende Beschreibung aller Burgen, Schlösser, Herrschaften, Städte, Märkte, Dörfer, Rotten ec. ec. topographisch-statistisch-genealogisch-historisch bearbeitet, und nach den bestehenden vier Kreisvierteln alphabetisch gereihet: Viertel unterm Manhartsberg: Vierter Band. – J. P. Sollinger, 305 S., Wien 1834.

Snizek, S.: Sicherung des Verschiebebahnhofes Breitenlee als Geschützter Landschaftsteil. – Unveröffentlichter Bericht, 35 S., Wien 1999.

Spitzer, R.: Hernals – Zwischen Gürtel und Hameau. – Mohl Verlag, 217 S., Wien 1991.

Wohlrab, H.: Penzing. – Geschichte des 14. Wiener Gemeindebezirkes und seiner alten Orte. – Jugend & Volk, (2. Aufl.) 256 S., Wien – München 1991.

Onlinequellen:

Alkbottle „I wockl durch Meidling"; https://www.songtexte.com/songtext/alkbottle/i-wockl-durch-meidling-23d9e827.html

ANNO (AustriaN Newspaper Online); https://anno.onb.ac.at

Beethoven an Gräfin Josephine Deym [20. September 1807]; https://brieftext.beethoven.de/henle/letters/b0294.phtml

Justizanstalt Wien-Simmering; https://www.justiz.gv.at/ja_wien-simmering/justizanstalt-wien-simmering~32d.de.html

Kollegium Kalksburg; www.kollegiumkalksburg.at

SORAVIA als zukünftiger Eigentümer der Sargfabrik in Wien Liesing bestätigt; https://www.soravia.at/wp_contents/uploads/180130_Pressetext_Soravia_Sargfabrik.pdf

Wien Geschichte Wiki („Historisches Lexikon Wien" von Felix Czeike); www.geschichtewiki.wien.gv.at/Wien_Geschichte_Wiki

Bildquellen:

Karten: Vor- und Nachsatz, S. 152: Geologische Bundesanstalt; topografische Karten der Dörfer: WIKIPEDIA Gemeinfrei.

Umschlagbilder außen: Sammlung Thomas Hofmann, topografische Karten: WIKIPEDIA Gemeinfrei; Topografische Karte innen: Sammlung Thomas Hofmann.

Bilder: Archiv Stift Schotten: S. 47, 48/49

Österreichische Nationalbibliothek (AKON): S. 39 (AK050_546), S. 60 (AK075_052).

Österreichische Nationalbibliothek (ANNO): S. 77, 82.

Sammlung Thomas Hofmann: S. 7, 10,13, 17, 20, 23, 24, 27, 53, 54, 58/59, 63, 66, 87, 104/105, 108, 115, 117, 120, 123, 127, 133, 139, 143, 160, 165, 167, 169, 173, 179, 182, 185, 198, 201, 202/203, 207, 209, 211, 217, 218, 222, 225, 231.

Wien Museum Online Sammlung: S. 9, 14, 18, 31, 35, 36, 40, 42/43, 45, 57, 68, 71, 72, 75, 79, 83, 91, 95, 97, 98, 111, 124, 128, 130, 136/137, 141, 144, 147, 149, 150, 153, 156, 159, 176, 177, 181, 187, 189, 193, 194, 214, 221, 227, 233, 234.

Danksagung

Beim Braumüller Verlag wollen wir uns bei Bernhard Borovansky für die Aufnahme des Buches in das Verlagsprogramm bedanken, bei Paul Haberfellner für das Lektorat und bei Ines Flattinger für das Layout und die Bildbearbeitung. Maximilian Trofaier, Archivar des Stiftes Schotten, stellte uns Bilder von Breitenlee zur Verfügung. Danke auch an Gerald Netz und Peter Autengruber! Renate und Michael Behounek und Jan Mienkinsky gaben uns wertvolle Tipps.

Impressum:

Bibliografische Information der Deutschen Nationalbibliothek
Die Deutsche Nationalbibliothek verzeichnet diese Publikation in der Deutschen Nationalbibliografie; detaillierte bibliografische Daten sind im Internet über http://dnb.d-nb.de abrufbar.

Alle Rechte, insbesondere das Recht der Vervielfältigung und Verbreitung sowie der Übersetzung, vorbehalten. Kein Teil des Werkes darf in irgendeiner Form (durch Fotokopie, Mikrofilm oder ein anderes Verfahren) ohne schriftliche Genehmigung des Verlages reproduziert oder unter Verwendung elektronischer Systeme gespeichert, verarbeitet, vervielfältigt oder verbreitet werden.

3. Auflage 2023
© 2021 by Braumüller GmbH
Servitengasse 5, A-1090 Wien
www.braumueller.at

Druck und Bindung: FINIDR, s.r.o., Lípová 1965, 737 01 Český Těšín
ISBN 978-3-99100-334-2